喬木
書房

喬木書房

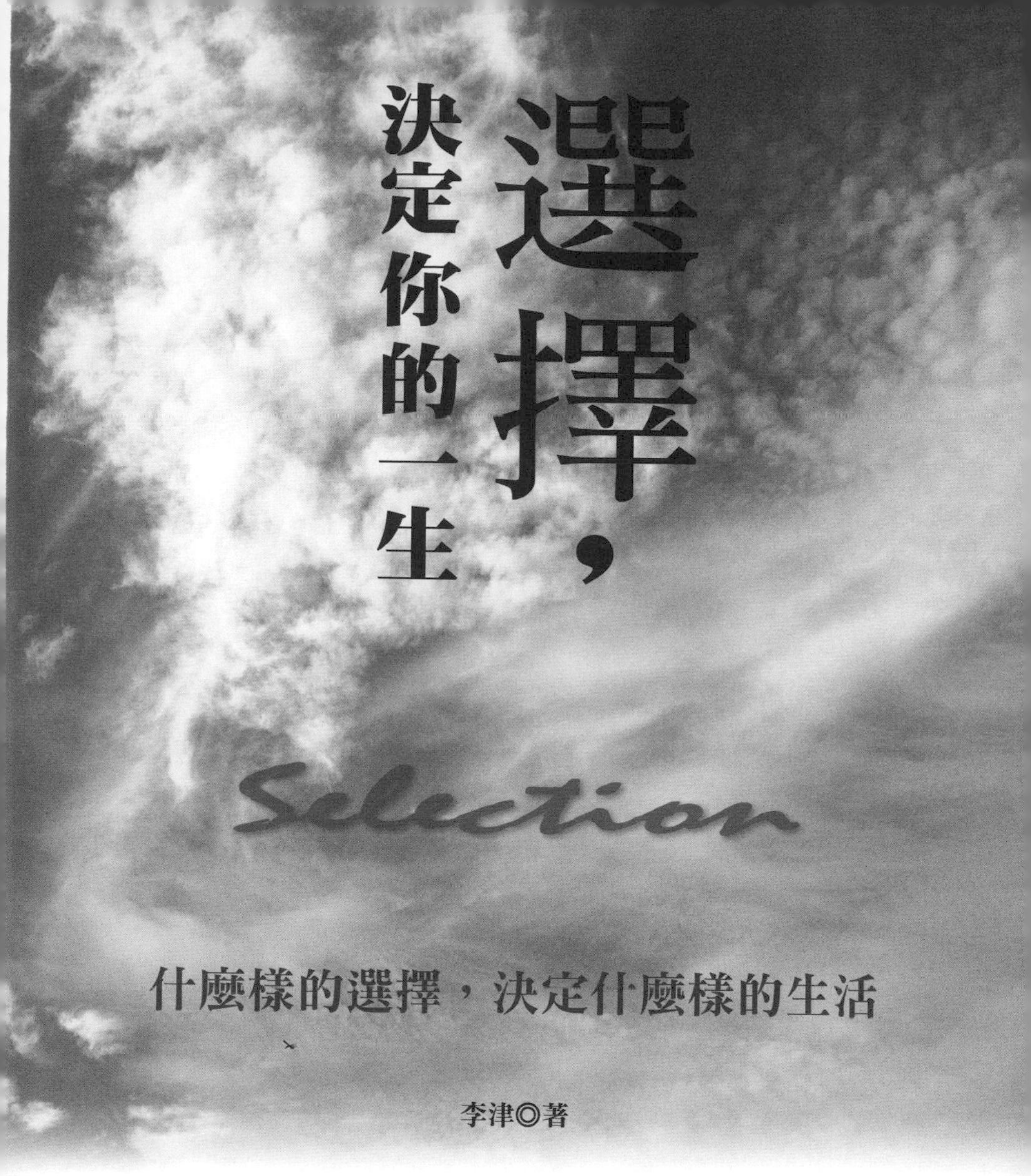

選擇，決定你的一生

Selection

什麼樣的選擇，決定什麼樣的生活

李津◎著

人生其實就是一個選擇的過程，

選擇對了，是導引成功的方向；選擇錯了，勢必會是南轅北轍。

• • •

或許我們沒有能力去創造一個環境，但是我們可以去做選擇，

因為決定我們一生成就的重要因素，不是一般所謂的命運，而是每個人所處的環境。

目錄

前言

著名印象派畫家高更有一句十分經典的話：「我們從哪裡來，我們往哪裡去？」

他提出了伴隨我們一生的困惑。人生旅途中，我們會遭遇到許多的難題。選擇就意味著你需要放棄其中一樣，可是我們所面對的並非西瓜和芝麻這樣簡單的選擇，它有可能是兩朵美麗的花，兩棵繁茂的樹，讓你兩樣都很難拋下。

這時，你又該如何是好？其實關鍵的所在，就是我們要看清楚目標的方向。方向找對了，就是一個成功的開始，而好的開始是成功的一半。

比爾．蓋茲是一個商業奇蹟的締造者，是許多人心目中的偶像，也是一個懂得選擇方向的人。

我們一起來看看這位傳奇的經歷：

比爾．蓋茲在中學時代，就是一個凡事比同年齡的人先走一步的孩子。老師要同學寫一篇千字左右的作文，比爾．蓋茲卻一口氣寫了十幾頁。

他所做的最重要的選擇莫過於休學。哈佛大學是多少人夢寐以求的學府，而考上哈佛大學的比爾．蓋茲卻在大三時，毅然決然地選擇了休學。這並不是一般人能夠下的決心和勇氣，也只有下這樣的決心和勇氣，才可能成為非凡的人物！

在二十歲左右的比爾．蓋茲就對電腦十分的感興趣，他深信，總有一天電腦會像電視一樣輕易的走入家庭裏。他堅定的信念，不但打動了自己，還打動了夥伴以及父母。

試想一下，假如比爾．蓋茲依然在哈佛深造，學習課本上千篇一律的事物，他還有可能革新電腦界嗎？也許他會成為一名頂尖的ＣＥＯ，但不可能成為一個改變世界的人物。

他曾經說過這樣一句激勵人心的話：「人生像是一場大火，我們每個人唯一可以做的，就是從這場大火中多搶救一點東西出來。」

本著這種人生短暫如花火的信念，他及時地做出了選擇。這讓我想起張愛玲說的一句話：「出名要趁早。」

這都告訴我們：做選擇時，一定要當機立斷。

一個能看清楚方向的人就如同行駛在海上的船，不會迷失在風雨中。

有一個年輕人很想比他周圍認識的人任何事項都強。可是，許多年過去了，並沒有太大的進步。他很苦惱，就去向一位大師求教。聽完他的傾訴，大師說：「我們去登山，到山頂你就知道該如何做了。」

那座山有許多顏色亮麗的小石頭，非常迷人。每當見到喜歡的石頭，大師就讓年輕人裝進袋子裏揹著。很快，他就吃不消了。望望山頂，還是遙不可及呢？於是，他就停下腳步疑惑地望著大師說：「大師，我幹嘛揹這個？再揹，別說到山頂，恐怕連動也不能動了。」「是呀！那該怎麼辦呢？」大師微微一笑，「為何不放下呢？揹石頭怎能登山？」大師摸一摸鬍子，一臉的燦爛。

年輕人愕然，愉快地向大師道謝便走了。從此以後，他認真學習單一項目，進步飛快……。

人的精力是有限的，不可能面面俱到。想要得到一切的人，最終可能什麼也不會得到。所以，我們要看清楚方向，選擇好了一條路，我們的人生境遇也就會全然不同了。

不要太篤定

每一個人都應該多做一些有意義的事，才不會產生空虛感。

常聽到有人在嘆息：「一天又過去了。」像這種對於自己的人生目標毫無概念，無法體會人生真正快樂的人，不管物質生活是多麼富裕，都是空虛的、孤獨的。相反的，內心經常懷有使命感，覺得有許多事情要做，如果不能將事情完成，就難以心安的人，生活一定過得充實。所以，我們只要稍微改變一下對事物的看法，生活方式就會產生很大的改變。

有一個女人生下一個智能不足的孩子，她為此自責不已，每當想到孩子的將來，就難過萬分，整日愁容滿面，甚至產生與孩子同歸於盡的想法。有一次，她路過一所啟智學校，看到裏面有許多智能不足的小孩子在認真地讀書。她才頓時領悟到，智能不足的小孩子也應該有屬於自己的珍貴生命。以前，每當她想到：「我死了，這個孩子要由誰來照顧」時，就會產生厭世的想法，現在她的心中突然燃起一道光明的希望，因此更堅定她活下去的勇氣。

當她每天送孩子上學時，總是在心中祈禱：「我今天要更堅強。」她還說：「因為我有了這樣的孩子，所以，我比別人更努力地學習人生中的一切，就這一點來看，這個孩子算是我人生的老師和恩人。」

世界上有許多面臨不幸遭遇的人，由於苦惱無處發洩而抑鬱終生。反之，身體健全的人們，如果還不知珍惜上天的恩寵，只會虛度光陰，豈不是非常的不應該嗎？一旦產生空虛感時，就要有效地善加利用，在其他方面來努力，才能掌握幸福。

正如有一篇文章所提到的：「在一天之中，飲食、排泄、睡眠、說話、走路等，已花去了許多時光，如果剩餘的時間，不知善加利用，而盡做無益的事、說無益的事、想無益的事，不但浪費時間，而且空擲歲月。這樣虛度一生的人是最愚蠢的。所以，每一個人都應該多做一些有意義的事，才不會產生空虛感。光陰是無情的，絕不會等待我們。我們要及時醒悟，珍惜光陰，好好努力，不要讓光陰迅速地流逝。」某位老先生在世時，每日都要提醒他的後人們：「不要慢吞吞地！」

我們不妨將這句話也記住，每當稍有偷懶的意念時，就以這句話來激勵自己。

人生只有一次，究竟是過著充實的生活或者虛擲人生，全在我們的一念之間，既然要度過一生，凡事只要能盡自己的力量，認真地去做，成功與失敗，就全聽天意的安排了。

農田裏的廣闊

「前進」與「後退」不是絕對的，假如在慾望的追求中，心靈沒有提升，則前進正是後退；反之，若在失敗中、挫折裏，心性有所覺醒，則後退正是前進。

經過一個地方，看到幾個農夫正在插秧。由於太久沒看到農夫插秧了，再加上春日景明、大地遼闊，使我為那無聲的畫面感動，忍不住下了車。

農夫彎腰的姿勢正如飽滿的稻穗，一步一步將秧苗插進水田，並小心謹慎地往後退去。每次看到農夫在田裏專心工作，心裏就為那勞動的美所感動。特別是插秧的姿勢最美，這世間大部分的工作都是向前的，唯有插秧是向後的，也只有向後插秧，才能插出筆直的稻田；那彎腰退後的樣子，總使我想起從前隨父親在田間工作的情景，不由得的生起感恩和恭敬的心。

我站在田岸邊，面對著新鋪著綠秧的土地，深深地呼吸，感覺到春天真的來了，空氣裏有各種薰人的香氣。剛下過連綿春雨的田地，不僅有著迷濛之美，也使得土地濕軟，耕作就更為容易。春日真好，春雨也好！看著農夫的身影，我想起一首禪詩：

手把青秧插滿田，
低頭便見水中天；
六根清淨方為道，
退步原來是向前。

這是一首以生活中的插秧來象徵在心田插秧的詩。意思是唯有在心田裏插秧的人，才能從心中看見廣闊的藍天，只有六根清淨才是修行者唯一的道路；要走入那清淨之境，只有反觀回轉自己的心，就像農夫插秧一樣，退步原來正是向前。站在百尺竿頭的人，若要更進一步，就不能向前飛躍，否則便會粉身碎骨。只有先從竿頭滑下，才能去爬一百零一尺的竿子。

人生裏退後一步並不全是壞的，如果在前進時採取後退的姿勢，以謙讓恭謹的方式向前，那就更完美了。**「前進」與「後退」不是絕對的，假如在慾望的追求中，心靈沒有提升，則前進正是後退；反之，若在失敗中、挫折裏，心性有所覺醒，則後退正是前進。**

農夫退後插秧，是前進還是退後呢？記得從前在小乘佛教國家旅行，進佛寺拜拜，寺院的執事總會教導，離開大殿時必須彎腰後退，以表示對佛的恭敬。

此刻看著農夫彎腰後退插秧的姿勢，想到從佛寺離去時的姿勢是多麼的相像，彷佛從那細緻的後退中，看見了每一株秧苗都有佛的存在。

「青青秧苗，皆是法身」，農夫幾千年來就以美麗謙卑的姿勢那樣的實踐著，那美麗的姿勢化成金黃色的稻穗，那彎腰的謙卑則化為累累垂首的稻子，在土地中生長，從無到有、無中生有，不正是法身顯化的奇蹟嗎？車子穿行過柳樹與七里香夾道的小路，我的身心爽然，有如山洞溪流一樣明淨，好像剛剛在佛寺裏虔誠地拜過佛，正彎腰往寺門的方向退去。

空中的藍天與水中的藍天一起包圍著我，從兩頰飛過，帶著音樂。

懦夫眼裏的世界

法國作家紀德曾說過：「若不先離開海岸，是永遠不可能發現新大陸的。」

冒險意味著嘗試新的、不同的、未知的事物，無法預測結果如何，但不論結果，都應該去冒險。恐懼是面對未知時的正常反應，恐懼卻依然冒險，就是冒險的真諦。

最佳的冒險者就是會問：「我有什麼可以損失的呢？」他們的心態是，就算他們不能成功，至少嘗試過了。

湯姆斯住在英格蘭的一個小鎮上，他從未看見過海，所以他非常想看一看海。

有一天他得到一個機會，當他來到海邊，那裡正籠罩著霧，天氣又冷。他想：「啊！我不喜歡海，幸虧我不是水手，當一個水手太危險了。」

在海岸上，他遇見一個水手。他們交談了起來。

「你怎麼會喜歡上海呢？」湯姆斯問：「那裡瀰漫著霧而且又冷。」

「海不是經常都是冷和有霧的。有時，海是明亮而美麗的。但在任何天氣，我都喜歡海。」水手說。

「當一個水手不是很危險嗎？」湯姆斯問。

「當一個人熱愛他的工作時，他不會想到什麼危險。我們家庭的每一個人都喜歡海。」水手說。

「你的父親死在何處呢？」湯姆斯問。

「他死在海裏。」

「你的祖父呢？」

「死在大西洋裏。」

「而你的哥哥……」

「當他在印度一條河裏游泳時，被一條鱷魚吞食了。」

「既然如此，」湯姆斯說：「如果我是你，我就永遠也不到海裏去。」

水手問說：「你願意告訴我，你父親死在哪裡嗎？」

「啊，他在床上斷了氣。」湯姆斯說。

「你的祖父呢？」

「也是死在床上。」

「這樣說來，如果我是你，」水手說：「我就永遠也不到床上去。」

在懦夫的眼裏，做什麼事情都是危險的；而熱愛生活的人，卻總是蔑視困難，勇往直前。

為自己而活

幸福的感覺其實只是一種選擇，一個人如果能夠學會選擇幸福，則人生處處亮光。

秋天的陽光是那麼的明媚燦爛，她卻坐在馬路邊抱頭痛哭。行人匆匆，素不相識的人們很快就把那絕望的哭聲　在身後。看不清她的臉龐，只看到她消瘦的背影，那消瘦的背影伴隨著她的哭泣在不停地顫抖。

「為什麼哭？遇到了什麼樣不順心的事情？」經過一番內心思考，我蹲下身，靠近著她坐下。

她不講話，仍然在哭，還是那麼傷心。「想開些，無論遇到什麼不痛快的事，都要想開些，天掉下來有地接著……」我的語氣是真誠的、關心的。

「我這是過的什麼日子，我一想就懊悔……我懷孕的時候，他打我，他把我從樓梯上面往下推……」她斷斷續續地說著，抬起頭來迅速瞥了我一眼，低下頭來繼續哭泣。

哭有什麼用呢？妳的丈夫，忍心看妳一個人在這裡哭，他根本沒有把妳放在心裏。妳越哭，他會越覺得妳沒有本事，妳回家好好跟他談談，讓他改邪歸正。如果他改了，日子繼續過下去，如果改不了，和他離婚算了！

「孩子剛滿三歲，離婚的話……」女人依然低著頭繼續著哭。

妳應該為孩子活著，但更應該為自己而活著。妳不要哭了，回去吧！該吃飯就吃飯，該照顧孩子就照顧孩子，做好該做的事情。別只知道哭，哭是無能的表現。

妳的嗓子都哭啞了，妳喝點水吧！我們都該回家了。我將手中的礦泉水放在她的身邊，她抬起頭望了我一眼，眼光裏蘊含著感激與信任。

望著她漸漸消失的背影，我的心情久久不能平靜。突然想起了一個荒謬的笑話，講的是一個失戀的年輕人到酒吧借酒消愁，恰巧遇到一個落魄潦倒的醉漢，他喝了吐，吐了喝，年輕人便忍不住問他生活中到底遇到了什麼不幸，值得這樣糟蹋自己。「我太不幸了，」醉漢答道：「我前後娶過三個老婆，前兩任都不幸暴斃，現在這一個，昨天還好好的，此時卻躺在醫院裏昏迷不醒。」年輕人同情地看著醉漢問：「好好的為什麼忽然就昏迷不醒了呢？」「因為她不肯像前兩任那樣乖乖地吃下毒藥，所以我一時受不了，便抓著她的頭去撞牆直到撞暈了她。」

是的，一個人的不幸常常是自找的。心理學家說過，**幸福的感覺其實只是一種選擇，一個人如果能夠學會選擇幸福，則人生處處亮光；很多人感覺不幸，其實都是自己的心態所致，命運對待他們並不比其他人苛刻**。

哭泣的女人，願妳從此擦乾淚水，抬起頭來凝視藍天，享受陽光，這樣不但妳自己會擁有幸福的生活，妳的家人和朋友也將因此輕鬆愉快，世界會因此變得更加美好。

勇於實踐

著名的哲學家安東尼曾說過：首先到達終點的人往往不是跑得最快的人，而是那些集智慧和力量於一身的，會做出明智選擇的人。

我們的時間是有限的，精力也是有限的，等待我們的一次次通向成功的機遇也是有限的，在這短短數十載中，要做出一個令人滿意、無悔的選擇是多麼的不容易啊，是多麼的重要啊！然而在做出一個滿意的選擇之後，所面臨的又將是一個十分嚴峻的考驗—實踐。

是的，選擇一件力所能及，而且令人拍案叫絕的選擇無疑是件難事。因此，有許多人便在成功之門前不斷地徘徊著。

就如菲爾丁所說：「Making a good choice is the most important thing that faces us right now!」（此刻做出一個令人滿意的選擇，對於我們來說是十分重要的！）

選擇固然要緊，但是選擇的背後又往往蘊藏著兩道截然不同的門：一道是通向成功的，但又是崎嶇、蜿蜒的小路，路上佈滿了鋒利的荊棘；另外一道是會領你走向失敗的「光明大道」，它會使你在無意間來到懸崖峭壁，斷谷絕壁。

如果你選擇得好，而且又有一種堅實的信念，那麼，你終究會通往功名，終究會跨過進入勝利殿堂的「最後一道門檻」；但是，如果你選擇錯誤，或者是只是選擇，沒有堅定的信念，那麼，即使你的智商再高，也終將一敗塗地，纏繞著所謂的「目標」而繞圈圈。

著名的哲學家安東尼曾說過：首先到達終點的人往往不是跑得最快的人，而是那些集智慧和力量於一身的，會做出明智選擇的人。

然而，做出一個滿意的選擇的同時，實踐更是不容忽視。沒有實踐，哪能到達成功的對岸呢？只有選擇，不付諸實踐，這樣只是一些善於紙上談兵的人的做法；對於那些明智的人來說，既要會選擇，又要會實踐，如此才能最終將能力發揮到最大限度！

著名的發明家愛迪生，就是在一千多次的實踐中找出如今的鎢絲；著名的醫學家李時珍跋山涉水、勇於實踐，才最終編寫了醫學界的奇蹟：《本草綱目》……。

古往今來，有志之士概莫能外，無一不是善於選擇，勇於實踐的典範。

冷靜的選擇

審慎地運用你的智慧，做出最正確的判斷，選擇屬於你的正確方向。

有時候，如果我們可以放棄一些固執、限制甚至是利益，這樣反而可以得到更多。

大多數人通常都是一面自己放棄機會，一面又怪罪機會不降臨在他的身上。

兩個貧苦的樵夫靠著上山撿柴餬口，有一天在山裏發現兩大包棉花，兩人喜出望外，棉花的價格高過木柴數倍，將這兩包棉花賣掉，足以讓家人一個月衣食無慮。當下兩人各自揹了一包棉花，便趕路回家。

走著走著，其中一名樵夫眼尖，看到山路上有著一大捆布，走近細看：竟是上等的細麻布，足足有十多匹之多。他欣喜之餘，和同伴商量，一同放下肩負的棉花，改揹麻布回家。

但他的同伴卻有不同的想法，認為自己揹著棉花已走了一大段路，到了這裡才丟下棉花，豈不枉費自己先前的辛苦，堅持不願換麻布。先前發現麻布的樵夫屢勸同伴不聽，只得自己竭盡所能地揹起麻布，繼續前進。

又走了一段路後，揹麻布的樵夫望見林中閃閃發光，待近前一看，地上竟然散落著數塊黃金，心想這下真的發財了，趕忙邀同伴放下肩頭的麻布及棉花，改用挑柴的扁擔來挑黃金。他的同伴仍是那套不願丟下棉花以免枉費辛苦的想法，並且懷疑那些黃金不是真的，勸他不要白費力氣，免得到頭來一場空歡喜。

發現黃金的樵夫只好自己挑了兩塊黃金，和揹棉花的同伴趕路回家。走到山下時，無緣無故下了一場大雨，兩人在空曠處被淋了個濕透。更不幸的是，揹棉花的樵夫肩上的大包棉花，吸飽了雨水，重得完全無法再揹得動，那樵夫不得已，只能丟下一路辛苦捨不得放棄的棉花，空著手和挑著黃金的同伴回家去。

面對機會的來臨，人們常有許多不同的選擇方式。有的人會單純地接受；有的人抱持懷疑的態度，站在一旁觀望；有的人則頑強得如同騾子一樣，固執地不肯接受任何新的改變。而不同的選擇，當然導致截然迥異的結果。許多成功的契機，起初未必能讓每個人都看得到深藏的潛力，而起初抉擇的正確與否，往往更決定了成功與失敗的分野。

有一個故事說：在一個暴風雨的夜裏，你駕車經過一個候車站，候車站上有三個人在等巴士，其中一個是病得快死的老婦人，一個是曾經救過你生命的醫生，還有一個是你長久以來的夢中情人。如果你只能載走其中一個乘客走，你會選擇哪一個？

答案裏面說很多人都只選了其中唯一的選項，而最好的答案是：「把車鑰匙給醫生，讓醫生載老婦人去醫院；然後我和我的夢中情人一起等巴士」。

是因為我們從來不想放棄任何好處嗎？就像那車鑰匙，有時候，如果我們可以放棄一些固執、限制甚至是利益，我們反而可以得到更多。這裡有很多關於取和捨的深層問題。在人生的每一次關鍵時刻，審慎地運用你的智慧，做出最正確的判斷，選擇屬於你的正確方向。同時別忘了隨時檢查自己選擇的角度是否產生偏差，適時地加以調整，千萬不能像揹棉花的樵夫一般，只憑一套哲學，便想度過人生所有的階段。時刻留意自己所執著的意念，是否與成功的法則相抵觸；追求成功，並非意味著你必須全盤放棄自己的執著，而來遷就成功法則。只需你在意念上做合理的修正，使之適合成功者的經驗及建議，即可走上成功之道。

再一次提醒你，放掉無謂的固執，冷靜地用開放的心胸去做正確的抉擇。每次正確無誤的選擇，將引導你永遠走在通往成功的坦途上。

選擇生路

> 真正給我們致命一擊的就是時間，時間每時每刻都在啃咬著我們的生命之藤。

如果你碰到過危機四伏的人生窘境，下面這則寓言，也許能給你一點啟示。

有個年輕人，有一天，因為心情不好，於是他走出了家門，漫無目的到處的閒逛，不知不覺中來到了森林深處。在這裡他聽到了清悅的鳥鳴，看到了美麗的花草，他的心情也漸漸的平靜下來，他徜徉著，感受著生命的美好與幸福。忽然，他的身邊響起了呼呼的風聲，他回頭一看，嚇得魂飛魄散，原來是一頭兇猛的老虎正張牙舞爪地撲過來。他拔腿就跑，跑到一棵大樹下，看到樹下有個大窟窿，一棵粗大的樹藤從樹上深入窟窿裏面，他幾乎不假思索，抓住樹藤就滑了下去，他想，這裡也許是最安全的，能躲過劫難。

他鬆了口氣，雙手緊緊地抓住樹藤，側耳傾聽外面的動靜，並不時的伸出頭去看看，那隻老虎在四周踱來踱去，久久不肯離去。年輕人懸著的心又緊張了起來，他不安的抬起頭來，這一看又叫他吃了一驚，一隻尖牙利齒的松鼠在不停地啃咬著樹藤。樹藤雖然粗大，但經得起松鼠啃咬多久呢？他下意識的低頭往洞底看，真是不得了！洞底盤著四條大蛇，一起瞪著眼睛，嘴裏伸著長長的舌信。恐懼感從四面八方襲來，他悲觀透了。爬出去有老虎，跳下去有四條大蛇，上不得也下不得，偏偏這時又有那隻松鼠在啃咬樹藤，他甚至已經聽到了樹藤被咬之處咯巴咯巴欲斷未斷的響聲。

你也許已經悟出了，這個故事並不是人生的特殊案例，也不是人生的具體寫實，而是人生境遇的一個比喻。佛經上的解釋是：那隻老虎不是別的，其實是無常；那隻松鼠是時間；那四條大蛇是人生無法逃避的生、老、病、死；那根樹藤就是我們的生命線。老虎存在於這個世界上是無疑的，災害、苦惱，正如天外飛來的橫禍，這些不測總是要來到人間。是來到你面前，還是來到別人面前，是碰到一次，還是常常碰到，這也許有一定的偶然性。

佛說，這就是無常。與生俱來的還有生、老、病、死，這是任何人都無法掙脫的宿命，上至王侯將相，下至販夫走卒，都無法擺脫；無法擺脫的還有時間，從表面上來看，時間對生命並不構成威脅，甚至我們還以為它是運載人生的免費列車，可是真正給我們致命一擊的就是時間，時間每時每刻都在啃咬著我們的生命之藤。人生就是這麼一個苦窟窿。人被從母體中趕出來，就被驅趕到這個窟窿裏來了，人生在生、老、病、死這種苦境之外，還有許多意想不到的挫折與打擊，也許你常常被苦難緊緊盯住，那麼你該怎麼辦呢？

讓我們繼續看完那個年輕人的故事。

年輕人心想：懸掛不動已不可能，樹藤已不讓你懸了；跳下去也絕無生路，那是個死胡同，連逃的地方都沒有；可是外面呢？有可怕的老虎，但是也有鳥鳴，有花香。年輕人心想，難道這就是人生的宿命？冥冥之中，他聽到一個聲音在吶喊：「別怕，跑吧！」於是他不再作多餘的考慮，使勁力向上攀登，他終於爬到了地面，看到那隻老虎在樹底下閉目養神（是的，苦難也有閉上眼睛的時候），他抓住這個機會，拔腿狂奔，終於擺脫了老虎，安全回到了家。

也許我們的能力確實有限，也許我們的厄運真的無法擺脫，但是我們用不著絕望，我們逃不脫生、老、病、死，我們逃不脫有限的歲月，但是我們可以逃得脫老虎，逃得脫人生迎面而來的災難。面對不幸、挫折與打擊，我們可以與之抗衡。

羚羊擺脫獅子追擊的辦法是跑得比獅子還快，這就是生路。所謂生路，就是人生之路。

為成功選擇一個環境

有好的思想，就能有好的行為表現；有了好的行為，便能養成好的習慣：好的習慣自然導致良好的命運結果，達到改變命運的目的。

決定我們一生成就的重要因素，不是一般所謂的命運，而是每個人身處的環境。

或許我們沒有能力去創造一個環境，但可以去選擇一個環境。

正值趕考時節，有一位秀才正準備赴省城大考，偏偏妻子隨時可能臨盆。留她一人在家中也不能安心，於是帶著妻子同行，希望能一起到省城之後才生產。一路旅途勞頓，也不知是否動了胎氣；還是孩子急著想早一刻到來。妻子竟在半途肚子痛了起來，眼看就要生產了。

沿途住家稀少，勉強前進了一段路，才找到一處人家，秀才急忙上前敲門。這戶人家以打鐵為業，剛巧鐵匠的老婆也正要生產。算來也是秀才的運氣好，現成的接生婆正好順道幫妻子接生。

過沒多久，秀才的妻子和鐵匠的老婆安然順利各產下一個兒子，母子皆平安。兩個男嬰算來竟是同年同日且同一時辰生下的。

十六年後，秀才的兒子長大了，也繼承父業，考上了秀才。老秀才大喜之餘，想起鐵匠的兒子與自己的兒子的生辰八字相同，想來此時必定也是個秀才了。

回想當年收容妻子臨盆之恩，秀才便即刻準備了四色禮物，專程趕往鐵匠家中，欲想向他道賀兒子高中之喜。

等到了鐵匠家中，只見老鐵匠坐在門口吸著煙，屋內一個年輕人，打著赤膊正忙著打鐵。秀才將禮物呈上，並問老鐵匠的兒子哪裡去了。

老鐵匠指了指門內，說道：「喏，不就在那裡。哪裡也沒去啊！」

秀才詫異道：「是他，這可奇怪了。按命理說來，你兒子和我兒子生辰時刻相同，八字也一樣，理所當然也該是個秀才，怎麼會…」。

鐵匠大笑：「什麼秀才，這小子從小跟著我打鐵，大字也識不得一個，拿什麼去考秀才啊！」

老秀才至此才大悟，生辰命理做不得，處於不同環境的際遇，自然也不相同。

這一則故事，提供給我們一個很好的思考方向，決定我們一生成就的重要因素，不是一般所謂的命運，而是每個人身處的環境。

命運的形成多半是由於習慣的累積，而習慣則是持續的同一行為所養成的；行為是思想衍生的結果。所以，命運是可以改變的，此刻所面臨的命運結局，是過去的思想模式所造成的。

若想要將來有更好的命運歸宿，可以在現在調整思想的模式，使之往好的方向發展。

有好的思想，就能有好的行為表現；有了好的行為，便能養成好的習慣；好的習慣自然能導致良好的命運結果，達到改變命運的目的。

另一項對成就影響巨大的因素，是環境的問題。而我們所處的環境，以個人的力量是難以改變的。

正如故事中秀才與鐵匠兒子的際遇大不相同一樣，我們知道，一個資質優秀的人，若身處於難以成功的環境中，其成就也是有限；而一個平庸的平常人，卻置身於成功者之間，且機會無窮，就算他自己想不成功都很難。

環境對於一個人的影響至深至遠，我們切勿等閒視之。更必須時時不忘檢查自己所處的周圍環境，是否能夠幫助我們成功，是否充滿積極正面的力量，是否存在許多成功者足以帶動我們。

環境雖然難以改變，卻可以更換。如果您認為自己當下所處的環境無法提供您足以成功的幫助，建議您可以去尋找一個讓自己成功的新環境，使自己的潛能可以激發，成功則必然可期。

心靈的束縛

在我們成長的環境中，是否也有許多肉眼看不見的鏈條在繫住我們？而我們也就自然將這些鏈條當成習慣，視為理所當然。

生命並不是一條直線，而應是像棵樹一樣，我們之中大部分人必須移植後方能開花。

一個小孩在看完馬戲團精彩的表演後，隨著父親到帳篷外拿乾草餵食表演完的動物。小孩注意到一旁的大象群，於是問父親：「爸，大象那麼有力氣，為什麼牠們的腳上只繫著一條細細的鐵鏈，難道牠們無法掙脫那條鐵鏈而逃脫嗎？」

父親笑了笑，耐心為孩子解釋：「沒錯，大象是掙不開那條細細的鐵鏈。因為在大象還小的時候，馴獸師就是用同樣的鐵鏈來繫住小象，那時候的小象，力氣還不夠大，小象起初也想掙脫鐵鏈的束縛，可是試過幾次之後，知道自己的力氣不足以掙脫鐵鏈，也就放棄了掙脫的念頭，等小象長成大象後，牠就甘心受那條鐵鏈的限制，而不再想逃脫了。」

正當父親解說之際，馬戲團裏失火了，大火隨著草料、帳篷等易燃物，燃燒得十分迅速，蔓延到了動物的休息區。

動物們受火勢所逼，十分焦躁不安，而大象更是頻頻跺腳，仍是掙脫不開腳上的鐵鏈。炙熱的火勢終於逼近大象，只見一隻大象已經被火燒著，牠灼痛之餘，猛然一抬腳，竟輕易的將腳上鐵鏈扯斷，迅速奔逃至安全的地帶。

有的大象看到同伴扯斷鐵鏈逃脫，立刻也模仿牠的動作，用力扯斷鐵鏈；但還是有的大象不肯去嘗試，只是不斷地焦急轉圈跺腳，最後遭大火席捲，無一倖存。

在大象成長的過程中，人類聰明地利用一條鐵鏈限制了牠，雖然這些鐵鏈根本繫不住有力的大象。在我們成長的環境中，是否也有許多肉眼看不見的鏈條束縛住我們？而我們也就自然將這些鏈條當成習慣，視為理所當然。

於是，我們獨特的創意被自己抹煞，認為自己無法成功致富；告訴自己難以成為配偶心目中理想的另一半，無法成為孩子心目中理想的父母，父母心目中理想的孩子。然後，開始向環境低頭，甚至於開始認命、怨天尤人。

這一切都是我們心中那條束縛自我的鐵鏈在作祟罷了。或許，你必須耐心靜候生命中來一場大火，逼得你非得選擇扯斷鏈條或甘心遭大火席捲。或許，你將幸運地選對了前者，在掙脫困境之後，語重心長地告誡後人，必須經歷苦難磨練方能得以成長。

除了這些人生習以為常的模式之外，你還有一種不同的選擇。你可以當機立斷，運用我們內在的能力，當下立即掙脫消極習慣的捆綁，改變自己所處的環境，投入另一種嶄新而積極的領域中，使自己的潛能可以發揮。

你願意靜待生命中的大火？甚至甘心遭它席捲，而低頭認命嗎？或者立即在心境上掙脫環境的束縛，獲得追求成功的自由？
這項慎重的選擇，當然得由你自行決定。

自信與自卑

自信的人依靠自己的力量去實現目標，自卑的人則只有憑藉僥倖。

美國是移民的天堂，但天堂裏也有數不清的失意者，今年已經三十多歲的亨利就是其中一個。

他靠失業救濟金生活，整天無所事事地躺在公園裏的長椅上，無奈地看著樹葉飄零雲朵飛走，感歎命運對自己的不公。

有一天，他兒時的朋友傑尼迫不及待地告訴他：「我看到一本雜誌，裏面有一篇文章說拿破崙有一個私生子流落到了美國，並且這個私生子又生了好幾個兒子，他們的全部特徵都跟你相似，個子矮小，講一口帶法國口音的英語。」

「真的是這樣嗎？」亨利半信半疑，但他還是願意把這一切當作是真的。他掏出口袋裏所有的零錢，用漢堡加一杯可樂招待了傑尼。

有很長一段時間亨利總在心裏嘮叨著：「我真的是拿破崙的孫子嗎？」漸漸地，這揮之不去的意念終於使他確信了這是一個事實。

於是，亨利的人生整個被改變了，以前他因為個子矮小而充滿自卑，而現在他因此感到自豪：我爺爺就是靠這種形象指揮千軍萬馬。以前他總覺的自己的英語發音不標準，像一個令人討厭的鄉巴佬，現在他卻以自己帶了一點法國口音的英語而感到悅耳動聽。在下決心開創一番事業的時候，因為是白手起家，他遇到了無數的困難，但他內心卻充滿了信心。他對自己說，在拿破崙的字典裏找不到「難」這個字。就這樣，憑著自己是拿破崙孫子的信念，他克服了種種困難，成為一家大公司的董事長，並且在他經常閒逛的那個公園對面，蓋了一棟三十層的辦公大樓。

在公司成立十週年的日子，他請人去調查自己的身世，結論是他不是拿破崙的孫子。但亨利並沒有因此感到沮喪，他說：「我是不是拿破崙的孫子已經不重要了，重要的是我明白了一個成功的道理：當你相信時，它就是真的。」

沒有自信，便沒有成功。一個獲得了巨大成功的人，首先是因為他有自信。自信的人依靠自己的力量去實現目標，自卑的人則只有憑藉僥倖。

古往今來，有許多失敗者之所以失敗，究其原因，不是因為無能，而是因為沒有自信。

當你總是在問自己：我能成功嗎？這時，你還難以摘取成功的花朵。當你滿懷信心地對自己說：我一定能夠成功。這時，人生收穫的季節離你已不太遙遠了。

馬克・吐溫教你求職

有的人錯過了星星，又錯過了月亮。在稍縱即逝的機遇面前，創意對求職是否能成功至關重要。

有一位年輕人從學校畢業後來到美國西部，他想當一名新聞記者，但人生地不熟，一直沒有找到合適的工作。於是他想起了大作家馬克・吐溫。於是年輕人寫了一封信給他，希望能得到他的幫助。

馬克・吐溫接到信後，給年輕人回了信，信上說：「如果你能按照我的方法去做，你肯定能求到一席之地。」馬克・吐溫信中還問年輕人，他希望到哪家報社工作。

年輕人看後十分高興，馬上回信告之，於是，馬克．吐溫又告訴他：「你可以先到這家報社，告訴他們我現在不需要薪水，只是想找到一份工作，打發我的無聊，我會在報社好好地幹。一般情況下，報社不會拒絕一個不要薪水的求職人員，你在獲得工作以後，就要努力去幹。把採訪到的新聞寫給他們看，然後發表出來，這樣，你的名字和成績就會慢慢的被別人知道，如果你很出色，那麼，社會上就會有人聘用你。然後你可以到主管那裡，對他說：如果報社能夠給我相同的報酬，那麼，我願意留在這裡。對於報社來說，他們是不會輕易放棄一個有經驗又熟悉公司業務的工作人員的。」

年輕人聽後，有些懷疑，但還是照著馬克．吐溫的方法去做。不出幾個月，他就接到了別的報社的聘任書。而這家報社知道後，也願意付高出別人很多的薪水來挽留他。

故事中的年輕人聽從勸告選擇了一條獨特的求職道路，把求職作為一種提高自己才能、積蓄力量的方法，化被動為主動。在職場競爭激烈的今天，這種方法值得一試。

這個故事給我們一個啟示：在求職中，許多人都想「一步到位」，但實際上卻很難辦到。

有的人錯過了星星，又錯過了月亮。在稍縱即逝的機遇面前，創意對求職是否能成功至關重要。

對於求職者來說，機會是平等的。但是，邁向成功的道路卻不可能是一樣的。

燒水與核心優勢

一個人要建立「核心優勢」，首先要定位，看看自己到底有什麼過人之處。

前兩天跟一個主管談話，主管說現在有太多的人不能夠把一壺水燒開，很多人都是燒到六十度C就撒手了。還有不少人這壺水沒有燒開，又跑去燒別的壺。這些人本來是很有才華，可以有些作為的。人生苦短，看到一個人最終也沒有把一壺水燒開，真是令人惋惜。

忽然想起有人在採訪高希均時，高教授說的一番話。高教授在談到一個現代人應該具備的幾個基本的經濟觀念時，說到「核心優勢」。所謂「核心優勢」，就是一個人跟別人比較起來，他真正的優勢到底是什麼。接下來的問題是，他能不能把自己的資源都集中運用到這個優勢上？高教授的這個觀念跟「燒開一壺水」的說法是可以兩相參照、互相發揚的。

一個人要建立自己的「核心優勢」，歸結起來大概有這樣的四個問題。一是一壺水值不值得燒，二是應該燒哪一壺，三是如何燒，四是燒開之後又怎麼辦。

就第一個問題來說，社會上有一種根深蒂固的偏見，就是所謂「冷門」。考大學，熱門的專業報考的人很多。工作，吃香的行業總是門庭若市。其實，熱門和冷門是相互轉換的。社會上只有沒有燒開的水，沒有不值得燒的水。

有句俗話：三百六十行，行行出狀元。所謂狀元，無非就是燒開了的水。胡廷武先生有篇文章，說他在深山遇見一個理髮師傅，這個師傅不僅能夠準確知道顧客頭上癢在何處，而且他的剃刀在臉上游走，猶如春風拂面。這樣的技藝是不可能冷的。

其次，一個人要建立「核心優勢」，首先要定位，看看自己到底有什麼過人之處，看自己到底有什麼潛能，至少應該看看自己的興趣何在。常常有這樣的情況，一個太過優秀的人，總是認為每壺水都值得燒，每壺都可能燒得開。但是，「核心優勢」的關鍵處就是告訴我們只能有一個優勢，多「核心優勢」也就降低了優勢。有諺語說，不要同時追兩隻兔子。

圍棋大師吳清源曾經手書條幅「不搏二兔」給聶衛平，委婉批評他精力分散了。

定位明確之後，就要不停地燒水，直至水開。水不開，雖然有核心，但是無優勢。

燒水的過程大概是最困難的，因為我們不免會有見異思遷的弱點，不免會懷疑乃至動搖，對水是不是可以燒開有深度的疑慮，最後我們甚至認為也許這壺水根本就不值得燒……一個能夠把水燒開的人，一定經過了寂寞、艱難和挫折……尤其是燒到六十度C之後的難度，常常令無數來者折返。其實任何人在初始階段有什麼大的不同嗎？所謂成功人士，無非把一壺水燒開了而已。

水既燒開，還要防止水再變涼。要讓水持續在沸點，絕對不是容易的事，甚至比起燒開有過之而無不及。取得「核心優勢」的人，社會會給他特別的榮譽，然後也要求他有更多的社會活動；於是「核心」不核，優勢也就不優了。有智慧的人往往能夠及時警覺到這一點。

像前不久，「雜交水稻之父」袁隆平就主動實行「頭銜瘦身」，目的當然是要把「核心優勢」延續得長久一點。

不過，在我們的社會，「生活在別處」的人太多，想去燒下一壺或者別人那一壺的人太多，哪壺不開提哪壺的人太多，真正能夠坐冷板凳，在自己的專業方面能夠精進了再精進的人並不多。

當然，要讓人靜下心來燒開自己這一壺，在社會方面來說，還要一些制度上的保證。在一個理想的社會形態中，一個專業技藝精湛的人應該獲得相對的待遇，不應該讓人覺得只有做官才是最值得燒的水。只有燒開自己水的人多了，整個國家才會有自己的「核心優勢」。

解鞋帶

人一個時間只能做一件事，懂抓重點，才是真正的人才。

有一位表演大師上場前，他的弟子告訴他鞋帶鬆了。大師點頭致謝，蹲下來仔細繫好。等到弟子轉身後，又蹲下來將鞋帶鬆開。

有個旁觀者看到了這一切，不解地問：「大師，您為什麼又要將鞋帶鬆開呢？」大師回答說：「因為我飾演的是一位勞累的旅行者，長途跋涉讓他的鞋帶鬆開，可以透過這個細節來表現他的勞累憔悴。」

「那您為什麼不直接告訴您的弟子呢？」

「他能細心地發現我的鞋帶鬆了，並且熱心地告訴我，我一定要保護他這種熱情的積極性，及時地給他鼓勵，至於為什麼要將鞋帶解開，將來會有更多的機會教他表演，可以下一次再說啊。」

人一個時間只能做一件事，懂抓重點，才是真正的人才。

河邊的蘋果

放飛思想的風箏，摘下一顆「蘋果」。

一位老和尚，他身邊聚集著一些虔誠的弟子。這一天，他囑咐弟子每人去南山打一擔柴回來。弟子們匆匆行至離山不遠的河邊，人人目瞪口呆。只見洪水從山上奔洩而下，無論如何也不能渡河打柴了。無功而返，弟子們都有些垂頭喪氣。

唯獨一個小和尚與師父坦然相對。師父問其故，小和尚從懷中掏出一顆蘋果，遞給師父說，過不了河，打不了柴，見河邊有棵蘋果樹，我就順手把樹上唯一的一顆蘋果摘來了。後來，這位小和尚成了師父的衣缽傳人。

世上有走不完的路，也有過不了的河。過不了的河掉頭而回，也是一種智慧。

但真正的智慧還需要在河邊做一件事情：放飛思想的風箏，摘下一顆「蘋果」。博覽古今，抱定這樣一種生活信念的人，最終都實現了人生的突圍和超越。

低一低頭的光明

漫漫人生路，有時退一步是為了踏越千重山，或是為了破萬里浪；有時低一低頭，更是為了昂揚成擎天柱，也是為了響成驚天動地的風雷。

有一道腦筋急轉彎的題目：一輛裝載緊急救援物資的卡車，就在這危急時刻，前面出現一個橋洞，且洞口高度低於車高幾釐米，請問卡車如何巧妙的穿過橋洞。

這道並不難的題目答案就是——把車子輪胎放掉一部分氣即可。在生活中時常會因叫人嘗試新的「難題」。開始時不是一籌莫展，搞得焦頭爛額，就是硬往前撞，哪管它三七二十一，死了也悲壯。這固然表明一個人的勇氣和自信，但往往會適得其反，事情會扯不清理更亂。

毫無價值的犧牲，最終受害的是自己，隨著「吃一塹」的增多，也長了些許的「智」，在每逢遇到類似的難題時，就會如文中開頭的司機，給車胎放一點氣──低一低頭。

縱觀歷史，也有借鑒的例子。三國劉備再三低頭：從三顧茅廬到孫、劉聯合，每一次低頭，都會蹚到「柳暗花明又一村」，終於做成「三足鼎立」中的輝煌。越王勾踐深深低下高貴的頭，以臥薪嚐膽收回舊山河。

某人在廣告公司工作，由於年輕易衝動，便輕而易舉的得罪了經理。於是，在以後的日子裏，每次開會他都自然而然成為會議的第一個主題──挨批。被批得面目全非的他，真想一走了之。但是他念頭一轉，如果真的走了，一些罪名不但是洗不清，而且會被蒙上厚厚的污垢；再者，這是一家很有名氣的廣告公司，自己完全可以從公司中源源不斷地得以「充電」學習。

於是他堅持留了下來，整理好凌亂的心情，埋頭苦幹，以兢兢業業的工作來為自己療傷，以實實在在的業績回擊謊言。一筆又一筆的業績，增添了他的信心，也讓他賺取了很多財富與經驗。坦率地講，從中總結出最重要的是「給車胎放氣」的處世哲學，使他終生受益。

漫漫人生路，有時退一步是為了踏越千重山，或是為了破萬里浪；有時低一低頭，更是為了昂揚成擎天柱，也是為了響成驚天動地的風雷；如此的低一低頭，即便今日成淵谷，即便今秋化作飄搖落葉，明天也足以抵達珠穆朗瑪峰的高度，明春依然會笑意盎然，傲視群雄。

懂得節制的分寸

我們必須學會約束自己，時時審視自己，不要讓一些壞習慣影響了自己的人生。

虛心納諫的齊景公嗜酒如命，他可以連喝七天七夜不停止。大臣弦章上諫說：「君王已經連喝七天七夜了，請您以國事為重，趕快戒酒，否則就請先賜我死好了。」

另一個大臣晏子後來參見齊景公，齊景公向他訴苦說：「弦章勸我戒酒，要不然就賜他死；我如果聽他的話，以後恐怕就得不到喝酒的樂趣了；若不聽的話，他又不想活，這可怎麼辦才好？」

晏子聽了便說：「弦章遇到您這樣寬厚的國君，真是幸運啊！如果遇到夏桀、殷紂王，不是早就沒命了嗎？」

於是齊景公果真戒酒了。

晏子的勸誡別出心裁，他既沒有縱容君王喝酒，亦沒有直接阻止君王喝酒。只是以古時昏君加以比照，使齊景公以此為鑑，並從此戒掉陋習。

吃喝玩樂是人人都喜愛的，但是應該有所節制，要懂得適可而止。我們自己固然不能逾越分寸，看到別人如此，也應該想辦法來勸阻他，不要因為怕得罪了人就什麼都不說。齊景公知過能改，肯虛心接受他人的勸告，這種寬大的度量同樣值得我們學習。

只有懂得節制，才可能做好選擇。俗語說：「小不忍則亂大謀」，我們必須學會約束自己，時時審視自己，不要讓一些壞習慣影響了自己的人生。

每個人的人生都需要慎重的經營，不能潦草塞責，也不能貪婪無度。耶穌在訓誡馬大時說：「馬大啊，馬大，心就這麼一點點……」是的，我想人的心靈必然有限，可以容納的東西就那麼一點點。

我們要學習明君齊景公，能夠把握節制的分寸，不偏不倚，恰到好處地去生活。

悲哀與幸運之間

人世間最大的悲哀，就是對已經擁有的東西常常忘記，但對失去的東西卻念念不忘。

在一次大地震中，兄弟倆死裏逃生，而且都是從廢墟中被挖出來的。政府幫他們蓋了新的房子，解決了溫飽。哥哥念念不忘失去的一切，整天嘮叨著死去的妻呀、兒呀、豬呀、雞呀等等。弟弟不但失去了妻子、女兒和全部家財，還失去了左腿。但弟弟內心想著：我還活著真是幸運，我不愁吃，不愁住，感謝政府替我蓋了房子，感謝上蒼給我留下了一條腿和一雙完好的手，我能自己做飯、穿衣，還有工作可以做。

哥哥常把得到的東西拋置一邊，對失去的東西總是念念不忘，整天陷入憂鬱痛苦之中，不久便患上了胃潰瘍和心臟病，不到三年便病死在醫院裏。

弟弟能珍惜自己現有的一切，學會了用心去享受已追求到的幸福。他雖然失去了一條腿，但他會修鞋。當他看到別人穿上他修好的鞋子，向他投來滿意的目光時，他便情不自禁地對自己說：「活著真好！」

兄弟倆有相同的遭遇，又同樣幸而得救，過著相似的生活。弟弟總覺得自己活得很幸福，哥哥卻對已經失去的東西念念不忘，對擁有的東西很難去想它。而弟弟不去想著已經失去的一切，卻經常記著現在擁有的一切。會享受人生的人，不在於擁有多少的財富，不在於住的房子大小、薪水多少、職位高低……等等。不要計算已經失去的東西，多想想現在還有剩下的東西。這個十分簡單的方法，就是享受人生的一種智慧。

畢卡索曾經說過，人生應有兩個目標：

第一是得到所想要的東西，盡力去爭取；

第二是享受它，享受擁有它的每一分鐘。

而常人總是朝著第一個目標邁進，卻從來不爭取第二個目標，因為他們根本不懂得享受。

保持真實的自我

> 不論如何，你都得自己創造自己的小花園；不論好壞，你都得在生命交響樂中，演奏你自己的樂器。

在這個世界上，每個人都是獨一無二的。因此，我們有理由保持自己的本色。我們不該再浪費任何一秒鐘，去憂慮我們與其他人不同的這一點。應該儘量利用大自然所賦予你的一切。不論如何，你都得自己創造自己的小花園；不論好壞，你都得在生命交響樂中，演奏你自己的樂器。

伊笛絲．阿雷德太太從小就特別敏感且靦腆，她的身體一直太胖，而她的一張臉使她看起來比實際上還胖得多。伊笛絲有一個很古板的母親，她認為把衣服弄得漂亮是一件很愚蠢的事情。她總是對伊笛絲說：「寬衣好穿，窄衣易破。」而母親總是照著這句話來幫伊笛絲穿衣服。所以，伊笛絲從來不和其他的孩子一起做戶外活動，甚至不上體育課。她非常害羞，覺得自己和其他的人都「不一樣」，完全不討人喜歡。

長大之後，伊笛絲嫁給一個比她大好幾歲的男人，可是她並沒有改變。她的丈夫一家人都很好，也充滿了自信。伊笛絲盡最大的努力要像他們一樣，可是她做不到。他們為了使伊笛絲能開朗地做每一件事情，都儘量不糾正她的自卑心理，這樣反而使她更加退縮。伊笛絲變得緊張不安，躲開了所有的朋友，情形壞到她甚至怕聽到門鈴聲響。伊笛絲知道自己是一個失敗者，又怕她的丈夫會發現這一點。所以每次他們出現在公共場合的時候，她都假裝很開心，結果常常做得太過分。事後伊笛絲會為此難過好幾天。最後不開心到使她覺得再活下去也沒有什麼意思了，伊笛絲內心開始想自殺。

後來，是什麼改變了這個不快樂的女人的生活呢？只是一句隨口說出的話。

隨口說的一句話，改變了伊笛絲的整個生活。有一天，她的婆婆正在談她怎麼教養她的幾個孩子，她說：「不管事情怎麼樣，我總會要求他們保持本色。」

「保持本色！」就是這句話！在那一瞬之間，伊笛絲才發現自己之所以那麼苦惱，就是因為她一直在試著讓自己適合於一個並不適合自己的模式。

伊笛絲後來回憶說：「在一夜之間我整個人改變了。」

「我開始保持本色。我試著研究我自己的個性，自己的優點，盡我所能去學色彩和服飾知識，儘量以適合我的方式去穿衣服，主動地去交朋友。我參加了一個社團活動，起先是一個很小的社團，他們讓我參加活動，使我嚇壞了。可是我每一次發言，就增加了一點勇氣。今天我所有的快樂，是我從來沒有想到可能得到的。在教養我自己的孩子時，我也總是把我從痛苦的經驗中，所學到的結果教給他們：『不管事情怎麼樣，總要保持本色。』」

永遠鼓舞著自己

「你用不著跑在任何人後面！」一旦你從內心決定要得第一，那麼你就會有更大的動力。

你一定要學學理查．派迪和基安勒，相信自己是第一。一個連自己都不相信的人能指望別人相信嗎？

理查．派迪是運動史上贏得獎金最多的賽車選手。當他第一次比賽完回來向他母親報告比賽的結果時，那情景對他的成功影響很大。

「媽！」他衝進家門叫道：「有三十五輛車子參加比賽，我跑第二。」

「你輸了！」他母親回答說。

「但，媽！」他抗議說：「您不認為我第一次比賽就跑第二是很好的事嗎？特別是這麼多輛車子參加比賽。」

「理查！」母親嚴厲說：「你用不著跑在任何人後面！」

接下來的二十年中，理查．派迪稱霸賽車界。他的許多項比賽紀錄到今天還繼續保持著，沒有被打破。他從未忘記他母親的教誨——「理查，你用不著跑在任何人後面！」

是的，「你用不著跑在任何人後面！」一旦你從內心決定要得第一，那麼你就會有更大的動力。

在生活中你敢不敢說「我是第一？」回答這個問題並不困難。如果你是個渴望成功的人，並且意識到以個性為中心是成功的基礎的人，請回答：「當然，我就是第一。」如果想保持一點謙虛的紳士風度，你也可以回答：「不是第一。」但要不失時機地補上一句：「是並列第一」。

為什麼一定要是第一呢？因為你本來就是第一。至少，你要在意識中播種爭第一的信心，這樣，你的個性才會真正成熟起來。記住！生活需要個性。

無數人尊敬的成功者，都曾宣稱自己是第一人物。是不是第一勿須探究，關鍵是他們的確取得了個人成功。基安勒的故事對你一定有所啟發。

基安勒很小的時候隨母親從義大利到了美國，在汽車城底特律度過了悲慘的童年，痛苦和自卑成為他的不良印痕。他那碌碌無為的父親告訴他：「認命吧！你將一事無成。」這個說法令他沮喪，他老是想著自己苦悶的前程。有一天，母親告訴他：「世界上沒有誰跟你一樣，你是獨一無二的。」從此，他燃起了希望之火，他認定他是第一，沒人比得上他。自信奠定了成功的基礎。他第一次去應徵時，這家公司的秘書要他的資料時，他遞上一張黑桃A，結果立刻得到面試的機會。經理問他：「你是黑桃A？」

「是的。」他說。

「為什麼是黑桃A？」

「因為黑桃A代表第一，而我剛好是第一。」

這樣，他被錄取了。

想知道後來的基安勒嗎？他成功了，真的成了世界第一。他一年銷售一千四百二十五輛車，創造了吉尼斯紀錄，怎麼樣？第一的威力厲害吧！基安勒每天臨睡前都要重覆幾遍說：「我是第一。」然後才入睡。這種鼓舞性的暗示堅定了他的信心和勇氣。他的個性得到了有力的強化。

聰明的人「次目標」

聰明的人為了要達成主目標，常會設定「次目標」，這樣會比較容易完成主目標。許多人會因為目標過於遠大，或理想太過崇高而容易放棄，這是很可惜的。若設定「次目標」，便可較快獲得令人滿意的成績，能逐步完成「次目標」，心理上的壓力也會隨之減小，主目標總有一天也能完成。

報紙上曾經報導一位擁有一百萬美元的富翁，原來當初是一位乞丐。在我們心中難免懷疑：依靠人們施捨一分一毛的人，為何能擁有如此巨額的存款？事實上，這些存款當然並非憑空得來，而是由一點點小額存款累積而成。一分到十元，到千元，到萬元，到百萬，就這麼累積聚集而成。若想靠乞討很快存滿一百萬美元，那幾乎是不可能的。

曾經有一位六十三歲的老婦人，從紐約市步行到了佛羅里達州的邁阿密市。經過長途跋涉，克服了重重困難，她到達了邁阿密市。在那裡，有位記者採訪了她。記者想知道，這路途中的艱難是否曾經讓她放棄過？她是如何鼓起勇氣，徒步旅行的？

老婦人答道：「走一步路是不需要勇氣的，我所做的就是這樣。我先走了一步，接著再走一步，然後再走一步，最後我就到了這裡。」

是的，做任何事，只要你邁出了第一步，然後再一步步地走下去，你就會逐漸靠近你的目的地。如果你知道你的具體的目的地，而且向它邁出了第一步，你便走上了成功之路！

不要得意忘形

世間很多的失敗都源於成功時不能抑制的驕傲自滿的情緒。我們在取得階段性的成績時，應避免得意忘形，而是對自己說：「我們這回運氣好。」

在克尼斯納，一個老林工正在解釋如何砍伐樹木。他指出：要是你不知道那棵樹砍了會落在哪裡，就不要去砍它。他說：「樹總是朝支撐少的那一方落下，所以你如果想讓樹朝哪個方向落下，只要削減那一方的支撐便可以了。」

班納德聽了半信半疑。他知道，稍有差錯，他們就可能一邊損壞一棟昂貴的房屋，另一邊損壞一棟磚砌的車庫。

他滿心焦慮，在兩棟建築物中間的地上劃一條線。那時還沒有鏈鋸，砍伐樹木主要是靠腕勁和技巧。老林工朝雙手吐了一口唾沫，揮起斧頭，向那棵巨樹砍去。樹基處直徑二米多，老林工的年紀看來已六十出頭，但臂力十足。

約半小時後，那棵樹木果然不偏不倚地倒在線上，樹梢離房子很遠。班納德恭賀他砍伐如此準確，老林工有點驚訝，但沒說什麼。不到一個下午，老林工已將那棵樹木砍伐成整齊的圓木，又把樹枝劈成木柴。

班納德告訴他，自己絕對不會忘記他的砍樹心得。

老林工舉起斧頭扛在肩上，正要轉身離去，卻突然說：「我們運氣好，沒有風。永遠要提防風。」

乞丐的「胃口」

在生活中不論要做什麼，都要把握住適當的分寸和尺度，所謂「該出手時就出手。」一旦錯過了最好的時機，你可能會一無所有。

一位富翁家的狗在散步時走丟了，於是富翁就在當地的報紙上發了一則新聞啟事：有狗丟失，歸還者，付酬金一萬元；並附有一張狗的彩色照片。

新聞啟事刊出後，送狗者絡繹不絕，但都不是富翁家的狗。富翁太太說，肯定是真正撿到狗的人嫌酬金給的少，那可是純正的愛爾蘭名犬。於是富翁就打電話到報社，把酬金改為兩萬元。

一位沿街流浪的乞丐在報攤上看到了這則新聞啟事，他立即跑回他住的地方，因為前天他在公園裏的椅子上打盹時撿到了一隻狗，現在這隻狗就在他住的地方拴著。回去之後，看果然是富翁家的狗，乞丐第二天一大早就抱著狗出了門，準備去領二萬元酬金。當他經過一個小報攤上的時候，無意中又看到了那則新聞啟事，不過賞金已提高變成三萬元。

乞丐又返回他住的地方，把狗重新拴在那裡，第四天，懸賞金額果然又再次提高了。

在接下來的幾天時間，乞丐天天到當地的報攤去看報紙新聞啟示，當酬金漲到使全城的市民都感到驚訝時，乞丐迅速返回他的地方。可是那隻狗已經死了，因為這隻狗在富翁家吃的食物都是鮮奶和牛肉，對這位乞丐從垃圾筒裏撿來的食物根本食不下嚥。

生活中的全壘打

在自己的生活和工作中，不要畏手畏腳。如果奮力一擊有得分的可能，何必又因擔心失手而畏縮不前呢？不想丟臉的人，也很少有機會露臉。

不久前，美國一家出版公司出版了一本名為《傻瓜棒球》的書。這本書中有一句非常引人注目的話：你將會明白出局是糟糕的，任何打擊都是好事，甚至雖然是把球打出了界外，而全壘打則是偉大的。

如果貝比．魯斯今天還活著，他也會告訴你這些，這都是當你去參加一場棒球比賽時必須知道的。貝比．魯斯是從一個棒球投手開始他的棒球生涯的。在一九一八年，他創下了二十九局沒有被得分的紀錄，這個紀錄整整四十三年都沒有人能夠打破。他還擁有一個在他的球員生涯中別人無法達到的出局次數的紀錄，雖然這樣，當人們想起魯斯的時候，不會想起他這些糟糕的紀錄，人們只是記得他的全壘打的次數。當絕大部分球員在選擇上壘的時候，魯斯卻在無數次的比賽中，比參與這項棒球運動的任何一名其他選手打出了更多的全壘打。因為對於他來說，全壘打是他唯一要去做到的事情。

有些時候，我們期待同樣的局面，那就是我們只是希望自己去上壘，不要遭受出局的尷尬。不管是在我們的個人交往還是我們的工作追求中，我們都不希望觸礁。

一九二〇年，魯斯為紐約洋基隊打出了更多的全壘打，超出了他在其他任何球隊的時候打出的全壘打的數目。那個賽季結束不久，洋基體育館建好了，並且以「魯斯的屋子」而聞名。

那麼，為什麼當人們有可能完成全壘打的時候，卻寧願上壘或者做基本的擊球呢？可能的原因是：

①他們不相信他們自己有能力打出全壘打；

②他們不知道怎麼打出全壘打；

③他們不願意冒險，所以他們用普通擊打或者跑位代替了全壘打。

這三種原因使得人們在自己的生活和工作中畏手畏腳。

而魯斯則與眾不同。他喜歡統計學，當他發現，對於統計學家來說，人群中僅僅有三%的人利用制定目標的手段來達到他們的目標——平均說來，這三%取得成功人的數量上是那些不制定目標的成功者的兩倍，於是魯斯堅持想要加人這個三%的俱樂部，魯斯制定了要讓自己在他的一生中變成最好的棒球運動員的目標，最後他做到了。

不求最好

人作為地球上最高等的動物，貪慾可能也是最大的，明明幸福就握在手上，卻不著邊際地遐想，可能還有更好的，於是便放棄已握在手的幸福去追求虛無縹緲的幸福。

小平與女友小尹交往了一段時間，他感覺自己已找到了一株能溫馨他生命中的芳草，於是便鄭重地向親朋好友宣告自己要結婚了。

不料，這時許多人站了出來，嚴肅而莊重地對他說：「婚姻可是關係一輩子的事，你怎麼可以剛交第一個就倉促地下結論；應該要進行多項選擇，挑選最好的。你呀……那最後一聲無限惋惜又無可奈何的長歎，似乎確認他這個執迷不悟的『情癡』日後定將後悔。」

但是，小平並沒有聽信這些話，他從一位朋友身上得到了一些啟示。小平的一位朋友，談了不下一打的女朋友，至今仍在苦苦尋覓，說一定要找一個最好的。但是，五年過去了，他至今仍是孑然一人。

因此，小平決定，在婚姻問題上，自己「不求最好」，他認為，不求最好，才能真心真意深愛一個人，如果成天向自己的戀人表白自己愛得如何深，而腦子裏卻時刻幻想著一天在某個地點與一個更美好的女子邂逅，這種愛能稱之為愛嗎？不過是一粒乾癟的種子，永遠不會得到愛的土壤青睞。

不求最好，才能平靜而坦然地接受所愛的人。這種愛，平淡而深沉，雖承認不是最好，但仍然去愛，這本身不就體現出愛的質樸與純潔嗎？

不求最好，也是一種淡泊寧靜的心志，寧靜方能致遠；這種心志中包含的愛才會伴你走過一生中的風雨。

老園丁的選擇

當見到有用的東西遭受傷害和摧殘時，千萬不要幸災樂禍，高興得太早。

在一條寬闊的馬路邊上，挺立著幾棵不同種類的大樹。緊靠著垂柳的是一棵粗壯而蒼勁的桑樹。自從枝葉繁茂、亭亭玉立的那個年代起，垂柳就產生一種要與沈默寡言的桑樹一爭高下的念頭。經常可以看到，垂柳那如針一樣鋒利的狹長枝條，不時地伸向桑樹那像老工人手掌似的厚實的葉片，擺出一副挑戰的架式。

兩樹靠得那麼近，有點碰撞在所難免，本不值得大驚小怪。垂柳好強爭勝，桑樹埋頭苦幹。垂柳隨風飄蕩，搖曳生姿；桑樹養兒育女，奉獻水果，供人製糖釀酒。

三月十日伊朗舊曆，相當於西曆五月底六月初這天，烈日當空，銀白色的陽光穿過茂密的樹葉灑在地面上。微風吹拂著細柔的葉片。金絲雀在啼囀啁啾，卻不聞蟋蟀的鳴叫。時近晌午，但見馬路的一端，急匆匆走過來幾個大人小孩，他們肩上扛著長短不一的木桿，有的手裏還拿著石塊，在樹陰底下停住腳步。

幾個人交頭接耳之後，便朝垂柳的方向疾步走去。不！他們的目標不是垂柳。看來，一場飛災橫禍即將落在老桑樹的頭上，因為它那沉甸甸的枝椏上掛滿了香甜可口的桑葚。轉瞬間，大人小孩一齊向桑樹發起了進攻：揮舞手中的木桿，跳啊蹦啊，還不斷地投擲石塊。一陣狠抽猛砸，桑樹渾身顫抖，枝葉和桑葚落滿一地。進攻者心滿意足，歡欣雀躍；可憐老桑樹慘遭不幸，被打得遍體鱗傷。

呵！我們的桑樹多麼像一名抵禦外辱、堅貞不屈的勇士，它雖然寡不敵眾，敗下陣來，但卻依然昂首挺胸，巍然不動！

此時，在一邊觀戰的垂柳心中著實擔驚受怕，怕「城門失火，殃及池魚」；但看到昔日的競爭對手遭難，卻也暗中竊喜。垂柳僥倖逃脫了這場浩劫，竟然安全無恙，連一顆小石子也沒碰著。

人們散去了。垂柳暗自慶幸自己的好運氣，更為桑樹吃盡苦頭而由衷地感到快慰。微風和暢，垂柳高興得直搖頭晃腦，對飽受摧殘的鄰居非但沒有些許的同情和憐憫，反而報以冷嘲熱諷，顯示出它的冷峻、高傲和不可一世。

因果實豐碩而遭到洗劫的桑樹，許多枝椏被折斷，碧綠的葉片受損，已成千瘡百孔，它的萬般苦楚自不待言。而垂柳在整個夏天都過得十分愜意。

桑樹堅強地挺過來了。經過一段時間的休整，它又開始喬裝打扮自己。新生的幼芽和絳紫色的果實，再次令桑樹青春煥發，恢復了往日的風采。

可是，一種難以言狀的隱痛，時時壓在桑樹的心頭；一種莫明的狂妄自大，總在隨風搖擺的柳枝間蕩漾。公正的大自然對此深感不悅，它不願讓這種人為的不公長期存在下去。

光陰荏苒，轉眼間已是深秋。陣陣寒氣襲來，驅散了陽光帶來的溫暖。天地間烏雲密佈，到處是一片沈寂，再也聽不到蟋蟀的叫聲。蕭瑟秋風中，萬木凋零；偶爾可見耐寒的花兒初綻，也不過是零星的點綴。為了滿足有錢人家取暖的需要，園林工人開始砍伐那些無用的樹木。

這天午後，狂風驟起，將馬路上的殘枝敗葉吹得直打轉。枯黃的葉片被捲起，扶搖而上，在空中翻飛，猶如孩子們玩的風車。風勢稍減，從街頭走來一位老園丁，手裏提著一把古銅色的大鋸。此時此刻，垂柳的枝幹像往常一樣透露出傲慢的神色，而桑樹內心的隱痛依然沒有得到緩解。

老園丁走近桑樹，以審視的目光，上下打量了一番。暗自思忖道：「這是棵有用的樹啊！它結出的果實味美多汁，不該用鋸齒傷害它的枝幹。」他要找的是一棵不掛果的、沒有多大用處的、適合砍伐而當柴燒的樹。老園丁轉眼看到了近旁的垂柳，就是那棵曾幸災樂禍而不可一世的垂柳！這回厄運該降臨到身上了。

老園丁不慌不忙地把鋸齒對準垂柳的枝幹，用力的鋸起來。狂風大作，勢頭更加猛烈。垂柳渾身顫抖不已，白色的木屑伴著痛苦的呻吟，隨風飄揚，飛向遠方。

不一會的功夫，馬路邊上就堆滿了粗細不等的柳樹枝條。

當見到有用的東西遭受傷害和摧殘時，千萬不要幸災樂禍，高興得太早。一棵樹的價值如何，老園丁的心裏是有數的。

大凡成績斐然的飽學之士，難免一時碰壁或遭他人攻擊；反倒是那些不學無術之輩，極少受到責難，然而他們充其量只配「燒火取暖」，所剩的灰燼也只能丟進垃圾堆裏。

要求

什麼樣的選擇，決定什麼樣的生活。

有三個人要被關進監獄三年，典獄長讓他們每個人提出一個要求。

美國人愛抽雪茄，要了三箱雪茄。

法國人最浪漫，要了一個美麗的女子相伴。

而猶太人說，他要一部與外界溝通的電話。

三年過後，第一個衝出來的是美國人，嘴裏、鼻孔裏塞滿了雪茄，大喊說：「給我火柴，給我火柴！」原來他忘了要火柴了。

接著出來的是法國人。只見他手裏抱著一個小孩子，美麗女子手裏牽著一個小孩子，肚子裏還懷著第三個。

最後出來的是猶太人，他緊緊握住典獄長的手說：「這三年來我每天與外界聯絡，我的生意不但沒有停頓，反而增長了二〇〇％，為了表示感謝，我送你一輛勞斯萊斯！」

這個故事告訴我們，什麼樣的選擇，決定什麼樣的生活。今天的生活是由三年前我們的選擇決定的，而今天我們的選擇將決定我們三年後的生活。我們要選擇接觸最新的資訊，瞭解最新的趨勢，從而更好地創造自己的將來。

一個選擇的機會

人沒有十全十美的，在提出自己的要求之前，應該客觀地審視自己。

幾十年的單身生活使小陳厭倦了，於是小陳決定娶一個妻子。近年來，小陳經常看到取名為「愛情」的婚姻介紹所的廣告，據說，這些廣告曾經幫助許多人解決了他們的終身大事。

介紹所位於市中心。一位身穿淺藍色制服的年輕守門人在門口迎接小陳，向小陳深深地鞠了躬。辦公桌後，坐著一位穿戴優雅的女士，她老練地對小陳說：「現在，請您到隔壁的房間去，那裡有許多門，每一個門上都寫著您所需要的資料，供您選擇。親愛的先生，您的命運完全掌握在您自己的手裏。」

小陳謝過了她，向隔壁的房間走去。

裏面的房間裏有兩個門，第一個門上寫著：「終生的伴侶」，另一個門上寫的是：「至死不變心」。小陳忌諱那個「死」字，於是，便進入了第一個門。接著，又看見兩個門，左邊寫著：「美麗、年輕的女孩」，右邊則是：「富有經驗的、成熟的婦女和寡婦們」。你們當然可想而知，左邊的那扇門更能吸引小陳的心。可是，進去以後，又有兩個門。上面分別寫的是：「苗條、標緻的身材」和「略微肥胖、體型稍有缺陷者」。不用多想，小陳選擇前者。可是，進了第五個房間，裏面還有兩個門，分別寫的是：「雙親健在」和「舉目無親」。

小陳感到自己好像進了一個龐大的分檢器，在被不斷地篩選著。下面分別看到的是未來的伴侶操持家務的能力，一個門上是：「愛織毛衣、會做衣服、擅長烹調」，另一個門上則是：「愛打撲克、喜歡旅遊、需要有幫傭」。當然，愛織毛衣的女孩又贏得了小陳的心。小陳推開了把手，豈料又遇到兩個門。這一次，令人高興的是，「愛情」介紹所把各位候選人的內在品質也都分了類，兩個門上分別介紹了她們的精神修養和道德狀況：「忠誠、多情、缺乏經驗」和「有才華、具有高度的智力」。小陳確信自己的才能已足夠應付全家的生活，於是，便走進了第一個房間。裏面，右側的門上寫著：「疼愛自己的丈夫」，左側寫的是：「需要丈夫隨時陪伴她」。當然需要一個疼愛我的妻子。下面的兩個門對小陳來說是一個極為重要的抉擇：上面分別寫的是：「有遺產，生活富裕，有一棟漂亮的住宅」和「憑工資吃飯」。理所當然地小陳選擇了前者。

小陳推開了那扇門，天啊……已經走到了馬路！

那位身穿淺藍色制服的年輕人向小陳走來。他什麼話也沒有說，彬彬有禮地遞給小陳一個玫瑰色的信封。

小陳打開一看，裏面有一張紙條，上面寫著：「您已經『挑花了眼』。人總不是十全十美的。在提出自己的要求之前，應當客觀地認識自己。」

抓住機會

「一屋不掃，何以掃天下？」把握不住小機會，大機會也會隨之遠去。我們做選擇時一定不要只圖眼前的利益，要從大局去考慮。

一天晚上，加完班後已是十點鐘了，張先生走進附近的一家小吃店，叫了一份蝦仁炒飯。突然他聽到了旁邊兩個人的小聲對話：

飯沒有了。

再煮一鍋。

再煮一鍋？

再煮一鍋。

在座位上喝著茶休息了近半個小時後，張先生吃到了他要的蝦仁炒飯。吃飯時他見到了老闆於是問他：「店裏要打烊了，你再煮一鍋飯豈不是浪費？你完全可以叫我再換一家餐廳的。」

「不浪費，」老闆說，「要想吸引一位顧客，做宣傳，打廣告，那些費用遠比一鍋飯的成本大得多。另外，您已經走進我的店裏了，這就是等於給了我們機會，機會也是成本。」

我們可以看到很多的餐廳裏常常會冷落一些顧客，其實，他們浪費了多少資源，自己還不知道。

聰明的人不會放過一些小機會；因為不放過小機會，才會贏取大機會。

美國休斯頓大學華裔科學家朱經武是研究超導體的著名人物。他說：「我能有今天，大部分要歸功於父母，他們教導我經常睜開眼睛，因為這個世界有許多機會和現象等著我們去發掘，即便有時會失敗，仍然要做到每次試驗都要有所得。」

「這一點，我母親說得最透徹。她說：『要是你跌倒在地上，就想辦法抓起一把沙』。她認為連最小的機會也值得把握。」

「一屋不掃，何以掃天下？」把握不住小機會，大機會也會隨之遠去。

遊戲規則

起決定作用的似乎不是物質財富的多少和文化水平的高低，而是心靈的選擇，是善良寬容還是自私狹隘。

十多年前，一位旅行家到馬來半島旅遊。半島地處熱帶，雨林蓊鬱，繁花似錦，五顏六色的奇異鳥類在空中飛翔鳴叫。海岸邊，碧波起伏，沙灘如玉。島上的土著居民一身陽光染曬的健康膚色，從容而快樂。自然風光讓旅行家如癡如醉，淳樸民風更讓他流連忘返。特別是偶然遇到的一場奇異的決鬥場面，更讓他眼界大開。

決鬥者是兩名薩凱部落的青年人，幾乎一樣健壯、一樣帥氣。他們滿臉嚴肅地走到決鬥的地點，赤裸著上身，一副不是魚死就是網破的神情。令旅行家大惑不解的是，決鬥者的手中，既沒有矛，也沒有刀，而是每人手握著一根孔雀翎。（孔雀翎就是孔雀的尾部羽毛）。他們握住上端的羽梗，將下端圓圓的中間有一隻美麗「眼睛」的尾部指向對方，找好適當距離站定。

決鬥開始了，只見他們舉起「武器」，把那美麗的「眼睛」觸向對方赤裸的上身，而且專找那些最薄弱的地方，千方百計地給對方搔癢。隨著時間的推移，兩人的表情也發生著微妙的變化，由「不共戴天」慢慢地變成了「忍俊不禁」，最後，一方終於難耐「折磨」，控制不住笑出聲來，決鬥即告結束。決鬥的雙方竟然戾氣全消，互相拍拍肩膀，一前一後地離開了。

旅行家問導遊：這是不是一場特意安排的幽默表演？導遊肯定地答覆說：「絕對不是。這是薩凱部落的一個傳統習俗，什麼時候產生的不知道，但確實已流傳了好多年。在這個部落裏，一個人如果認為受到了別人的侮辱，便可以用決鬥來洩憤。決鬥的方式只有一種，就是你剛才所看到的。」

決鬥的時間沒有限制，可以從早搔到晚，直到一方笑出了聲，方告結束，先笑者為輸家。笑過之後，冤家對頭往往會握手言和。剛才的兩個青年人是一對情敵，為一個女孩而互不相讓，所以只好進行決鬥。決鬥後勝者高興，輸者也心悅誠服，因為世代相傳的遊戲規則早已內化為自覺遵守的觀念。這樣的決鬥，不僅能使難題迎刃而解，而且雙方身體都不會受到傷害，更不會造成流血。

旅行家的心靈受到了強烈的震撼，他絕對沒有想到在這個近乎原始的地方，竟然存在著如此高超的生存智慧，如此充滿藝術魅力的維護尊嚴的方式。這使他突然想起了來自另外一個民族的一個傳說故事：

一個美麗的女孩，一個優秀的年輕人，兩個人都在心裏深深地愛上了對方。但兩個人的自尊心都格外強烈，女孩的自尊甚至變成了一種極端的虛榮。女孩的周圍還有其他許多追求者。追求者的眾星捧月，使女孩放不下架子向自己真正所愛之人表明心聲，甚至荒唐地提出只有跪下求愛她才能答應。這個要求讓年輕人左右為難，若不跪下，自然得不到心愛的女孩；而若真的跪下，自己的尊嚴就會喪失殆盡。最後，愛的力量佔了上風，年輕人咬著牙跪了下去。正當女孩一面覺得心滿意足，一面又暗自鄙視下跪的年輕人時，年輕人突然拔出匕首，刺進女孩的胸膛，接著拔出匕首又刺進自己的胸口……他們的目的都達到了，一個得到了虛榮，一個維護了尊嚴，而代價就是同歸於盡。

旅行家還是一位研究地理和人文的專家，他由此聯想到：人人都有尊嚴，人人都需要維護自己的尊嚴，但由於方法不同，效果就會有天壤之別。是用孔雀翎維護尊嚴，還是用匕首維護尊嚴？起決定作用的似乎不是物質財富的多少和文化水平的高低，而是心靈的選擇，是善良寬容還是自私狹隘。他覺得這次旅行收穫很大，並把自己的所見所思寫成了一篇文章。

可惜的是，直到現在還有許多人沒有讀到它。

確立長遠的目標

如果一個人總是跟著別人瞎忙活著，而不為自己打一口井的話，他永遠就沒有追求自我的機會。

有兩個和尚住在隔壁。所謂的隔壁就是：隔壁那座山，他們分別住在相鄰的兩座山上的廟裏。這兩座山之間有一條溪，於是這兩個和尚每天都會在同一時間下山去溪邊挑水。

久而久之，他們便成為好朋友了。

就這樣，時間在每天挑水中過去，不知不覺已經過了五年。突然有一天，左邊這座山的和尚沒有下山挑水。右邊那座山的和尚心想：「他大概睡過頭了。」便不以為意。哪知第二天，左邊這座山的和尚，還是沒有下山挑水。第三天也一樣，過了一個星期，還是一樣。

直到過了一個月，右邊那座山的和尚，終於受不了了。他心想：「我的朋友可能生病了，我要過去看望他，看看能不能幫上什麼忙。」

於是他便爬上了左邊這座山去探望他的老朋友。等他到達左邊這座山的廟裏，看到他的老友之後，大吃一驚。因為他的老友正在廟前打太極拳，一點也不像一個月沒喝水的人。他好奇地問：「你已經一個月沒有下山挑水了，難道你可以不用喝水嗎？」左邊這座山的和尚說：「來來來，我帶你去看。」於是，他帶著右邊那座山的和尚走到廟的後院，指著一口井說：「這五年來，我每天做完功課後，都會抽空挖這口井。即使有時很忙，能挖多少就算多少。如今，終於讓我挖出井水來，我就不必再下山挑水了，我可以有更多的時間練我喜歡的太極拳。」

如果一個人總是跟著別人瞎忙活著，而不為自己打一口井的話，他永遠就沒有追求自我的機會。

要有自己的主見

凡事要靠自己拿主意，並不是一意孤行，孤芳自賞；而是忠於自己，相信自己，要對自己的承諾負責，要勇於承認自己的缺點，更要敢於接受面臨的挑戰。

美國著名女演員索尼亞·斯米茲童年的時候在加拿大渥太華郊外的一個農場裏生活。

那時候她在農場附近一個小學讀書。有一天她回家後很委屈地哭了，她父親問她為什麼哭泣，她斷斷續續地說道：「我們班裏一個女生說我長得很醜，還說我跑步的姿勢難看。」

父親聽完她的哭訴後，沒有安慰她，只是微笑地看著她。忽然父親說：「我能摸得到我們家的天花板。」

當時正在哭泣的索尼亞聽到父親的話覺得很奇怪，她不知道父親想要表達的意思，就反問了一句：「你說什麼？」

父親又重覆了一遍：「我能夠摸得到我們家的天花板。」

索尼亞完全停止了哭泣，她仰著頭看了看天花板，將近四米高的天花板，父親能夠摸得到嗎？儘管她當時還小，但她不相信父親的話。

父親看她一臉的不相信，就得意地對她說：「妳不信吧？那麼妳也別相信那個女孩子的話，因為有些人說的並不是事實。」

索尼亞在很小的時候就明白了，不能太在意別人說什麼，要自己拿主意。

在她二十四、五歲的時候，她已經是一個頗有名氣的年輕演員。一次，她準備去參加一個集會，但她的經紀人告訴她，因為天氣不好，可能只有很少的人會參加這次集會。經紀人的意思是，索尼亞剛開始出名，應該用更多的時間去參加一些大型的活動以增加自己的名氣。

但索尼亞堅持要參加那個集會，因為她在報刊上承諾過要去參加。結果，那次在雨中的集會，因為有了索尼亞的參加而使得廣場上的人群擁擠起來。她的名氣和人氣驟升。

凡事要靠自己拿主意，並不是一意孤行，孤芳自賞，而是忠於自己，相信自己，要對自己的承諾負責，要勇於承認自己的缺點，更要敢於承擔面臨的挑戰。在人生的道路上，有很多時候，我們都要靠自己拿主意。

誰束縛住了我們的腳步

孩子有了飛翔的資本，但是他捨不得故土，捨不得親情，捨不得愛情，捨不得安逸的環境。

一條魚，原來生長在南極冰冷的海水中，後來卻來到了北極圈內，被格陵蘭島上的漁民捕捉了去。

島上的人從來沒有見過這樣的魚，於是專家來了。他們說這是深海鱸魚，應該生活在南半球的，一般不可能出現在北極的。

沒有人知道這條魚是如何從南極附近到達北極的。或許是有人把牠帶來，然後放生到格陵蘭島的海域裏？專家希望是這樣的結果，但是所掌握的資料證明不是。

牠是自己游來的，可能牠是某個遷移家族中的一員。牠只朝著一個方向游，在深海中穿行，躲過了天敵的攻擊，牠的家族成員在長途遷徙過程中老去。最終牠穿過溫帶的海水，經歷了赤道的酷熱，一萬公里的路程，終於在某一個太陽升起的日子，順利的到了同樣嚴寒的空間裏。

不知道牠為什麼這樣做？電視台的早晨新聞說，專家也無法斷定這條魚為什麼會來到格陵蘭島。這真是一個問題，我說的不是那條魚，我想知道除了魚之外，還有多少生命在進行讓人不可思議的穿越？

也許真的太少。從來沒有發現過南極企鵝會跑馬拉松到北極，牠們只會生長在既定的環境裏，與世隔絕，也不希望被外界所打擾。人可以借助交通工具來到某個目的地，但那只是驚鴻一瞥，浮光掠影一番後，又回到屬於自己的那個空間。還有更多的人，留戀自己的家園，即使是窮山惡水，也會把自己滾燙的血肉一點點在那貧瘠的土地揮霍一空。

人類基因科學家破譯了人類的遺傳基因，黃色人種的起源地應該是在非洲，科學家列舉了黃色人種和黑色人種存在的基因相同數字。科學家說，在很久遠的過去，我們的祖先曾經從非洲大陸上出發，經歷幾十年，或者更長的時間到了亞洲大陸。他們在這個亞洲大陸上繁衍，然後就再沒有走出亞洲大陸一步。當美洲發生瘋狂移民的時候，亞洲大陸還在沉睡。

到底是誰羈絆了我們的腳步？

二十年前的一個黃昏，一架飛機低空掠過一個偏僻的山坳，一個孩子在想：「長大以後我要飛向遠方，很遠很遠的地方。」二十年後，孩子有了飛翔的資本，但是他捨不得故土，捨不得親情，捨不得愛情，捨不得安逸的環境。

那個孩子就是現在的我。我被故土圍住，也被故土所傷。

現在我想起了那條魚，那條穿越了一萬公里讓人感到莫名其妙的魚，心中就燃起敬重。

這條跨越南北極的魚所創下的奇蹟，正是由於牠放棄了故鄉熟悉的一切，堅定地朝著牠的目標行進。

枯井中的驢

驢教會了我們走出絕境的秘訣，就是拚命地抖落掉在背上的泥土，那麼本來埋葬你的泥土便可成為自救的台階。

一頭驢不小心掉到一口枯井裏，牠哀憐地叫喊求救，期待著主人能把牠救出去。驢的主人召集了數位親鄰出謀劃策，但是想不出好的辦法來搭救驢，大家倒是認為，反正驢已經老了，「人道毀滅」也不為過，況且這口枯井遲早也要填上的。

於是，人們拿起鏟子開始填井。當第一鏟泥土落到枯井中時，驢的叫聲更加恐怖了，牠顯然明白了主人的意圖。

又一鏟泥土落到枯井中，驢出乎意料地安靜了。人們發現，此後每一鏟泥土掉在牠背上的時候，驢都做出一件令人驚奇的事情：牠努力抖落掉背上的泥土，踩在腳下，把自己墊高一點。

人們不斷地把泥土往枯井裏倒，驢也就不停地抖落掉那些在背上的泥土，使自己再升高一點。就這樣，驢慢慢地升到枯井口，在旁人驚奇的目光中，瀟瀟灑灑地走出枯井。

假如你現在就身處在枯井之中，求救的哀鳴也許換來的只是埋葬你的泥土。可是驢教會了我們走出絕境的秘訣，就是拚命地抖落掉在背上的泥土，那麼本來埋葬你的泥土便可成為自救的台階。

無論絕望與死亡如何驚天動地，走出枯井原來就這麼簡單。

如果抖落掉泥土走出枯井是一種求生的本能的話，那麼，瀟瀟灑灑便是走出枯井的境界，是現代人生活的一種值得探討和推崇的理念。

動物能夠在絕境中墊高自己，擺脫困境，那麼，人在墊高了自己以後就會創造奇蹟。

一個皮革商喜歡釣魚，他經常去的地方是紐芬蘭漁場。有一年冬天的一個早晨，皮革商又來到了這個漁場。也許是因為前天晚上下了雪，所以那天天氣很冷，颼颼的風刮在臉上像刀割一樣。皮革商費了很大的力氣才在結了冰的海面上鑿了個洞，然後開始釣魚。他看到一個很有意思的現象：釣到的魚一放到冰上很快就會凍結，而且只要冰不融化，魚經過很長的時間也不會變味。難道事物結了冰就可以保鮮？皮革商這樣問自己。他開始了試驗。經過多次探索，他發現不僅魚類在冰凍的條件下可以保鮮，其他食品，如牛肉、蔬菜也都可以這樣做。

於是他決定製造出一台能讓食品快速冷凍的機器。成功的路是很艱難的，在研製冷凍機的過程中，皮革商吃盡了苦頭，但他從不氣餒。透過反覆的試驗，不斷地總結，皮革商終於成功了。他向國家申請了專利，並且以三千萬美元的天價把這項技術賣給了美國通用食品公司。他就是世界上第一代冰箱的發明者—美國人巴爾卡。

巴爾卡是一個懂得怎樣墊高自己的人，這墊高就表現在他具備了一種發現的眼光，表現在他具有成功的毅力和能力。收穫是播種的孿生兄弟，巴爾卡就是經過自己不懈的努力奮鬥，終於實現了自己的夢想。

把自己墊高，實際上就是說人要站得高些。站得高了，不但能有幸早些領略到希望的曙光，還能有幸發現生命的立體的詩篇。每一個人的人生，都是這詩篇中的一個詞、一個句子或者一個標點。你可能沒有成為一個美麗的詞，一個引人注目的句子，一個驚嘆號，但你依然是這生命的立體詩篇中的一個音節、一個停頓、一個必不可少的組成部分。這足以使你放棄前嫌，萌生為人類孕育新的歌聲的興致，為世界帶來更多的詩意。

最可怕的人生見解，是把生存圖景看成平面。因為，那平面上刻下的大多是凝固了的歷史，過去的遺跡。人生不能像某些魚類躺著游，人生也不能像某些獸類爬著走，而應該站著向前行，這才是人類應有的生存姿態。

當把自己墊高時，就還原了世界與人生生存結構的真面目，自己也就不會因為那幅被自己心理扭曲造成的虛幻現實所淹沒。

不在失敗中放棄選擇

錯誤很可能致命。錯誤會造成嚴重的結果，往往不在錯誤本身，而在於犯錯人的態度。

聰明的人會從失敗中學到教訓，而失敗者卻不能從中獲得任何經驗，而一再的犯錯。能從失敗中獲得教訓的人，就能建立更強的自信心。面對錯誤，積極改正，繼續努力，你就有可能獲得成功。

「我在這裡已做了二十年，」一位員工抱怨他沒有獲得升遷，「我比老闆你提拔的許多人多了十年的經驗。」

「不對，」老闆說：「你只有一年的經驗，你從自己的錯誤中，沒有學到任何的教訓，你仍在犯你第一年剛做事時的錯誤。」

好悲哀的故事！即使是一些小小的錯誤，你都應該從中學到些什麼？

「我們浪費了太多的時間，」一位年輕的助手對愛迪生說：「我們已經試了兩萬次了，仍然沒有找到可以做白熾燈絲的物質！」

「不！」這位天才回答說：「但我們已知道有兩萬種不能當白熾燈絲的東西。」

這種精神使得愛迪生終於找到了鎢絲，發明了電燈，改變了歷史。

美國著名的鑽石天地公司當初成立的目的是從事鑽石開採，但由於公司地質勘探人員犯了一個錯誤，結果他們沒有找到鑽石，但是卻發現了世界上最大的鎳礦之一。

公司決策人員及時調整了經營方向，結果，公司的股票價格直線攀升。今天，儘管公司仍在沿用以前的名稱，但其真正的業務卻是製造鎳幣。

李維．斯特勞斯起初想在加州靠開採金礦發財。然而，他發現這個行業似乎並不適合於他。最後他不得不放棄金礦的開採，轉而開始用帆布縫製礦工穿的褲子。如果當初他沒有做出這一重大的決策，那麼今天我們也不可能在全世界幾乎每個角落都能聽到「Lee」牛仔褲的名字。

邁出行動的第一步

邁出第一步，就能輕易地得到自己所想要的東西。

這個故事並不十分驚人，一個家庭買了兩間房子，出租一間房子，自己住另外一間房子，這是很普通的事情。使人感到吃驚的是：一個沒有經驗、沒有背景，甚至沒有資金當本錢的人，只要聽從大師的一些建議，然後付諸行動，邁出第一步，他就能輕易地得到他所想要的東西。

數年前四月份的一個晚上，成功學大師克里曼．斯通在墨西哥城訪問弗蘭克和克勞迪婭夫婦。

克勞迪婭談到：「我盼望我們在加丁區(加丁區是墨西哥城最令人嚮往的地方)

能夠有一間房子。」

斯通問：「你們為什麼還沒有呢？」

弗蘭克哭了，答道：「我們沒有這筆錢。」

斯通說：「如果你知道你想要什麼，窮有什麼關係呢？」

弗蘭克沒有回答。

斯通又提出一個問題：「順便說一下，你是否讀過一本激勵人的勵志書，例如：《思考致富》、《積極思考的力量》、《你的潛能》、《信心的魔力》等？」

他們回答：「沒有。」

於是，斯通就告訴他們一些成功人士的經歷，這些人知道他們想要什麼，讀了一些勵志書，聽從書中的意見，然後就行動。邁出第一步後，他們繼續堅持努力，最後獲得了他們所追求的東西。

斯通還告訴弗蘭克夫婦幾年前他自己的條件：用一千五百美元的分期付款，購買了一間價值一百二十萬美元的房子以及如何按期付清了房貸。斯通送給了他們一本他所推薦的書。

弗蘭克和克勞迪婭下定了決心。

當年的十二月，當斯通正在家中休息時，接到了克勞迪婭打來的電話。她說：「我們剛從墨西哥城來到美國，弗蘭克和我所要做的第一件事就是感謝你。」

斯通感到詫異：「感謝我！為什麼？」

「我們感謝你，因為我們在加丁區買了一間房子。」

幾天後，在請斯通吃飯時，克勞迪婭解釋說：「在一個星期六的傍晚，弗蘭克和我正在家裏休息，有幾位從美國來的朋友打電話來，請我們開車把他們載到加丁區去。剛好那個時候我們都相當疲累了。弗蘭克正準備拒絕時，書中的一句話閃現於他的腦海中：『邁出第一步。』於是我們決定開車送他們到那裡。當我們開車送他們通過這人造的天堂時，我們看見了自己夢寐以求的房子，甚至還有我們所渴望的游泳池。最後，我們買下它。」

弗蘭克說：「你可能很想知道：雖然這個房子的價值超過五十萬比索，而我們的存款只有五千比索，但我們住在加丁區新居的費用比住在舊居的費用還要少些。」

「這是為什麼呢？」

「因為我們買了兩間房子，它們在財產上相當於一間房子。我們將其中的一間租了出去，那間房子的租金足以支付兩間房子的分期付款。」

把自己的目標細化

目標設計得越具體越細化越容易實現。

有人做過一個實驗：組成三組人，讓他們分別步行到十公里以外的三個村子。

第一組的人不知道村莊的名字，也不知道路程有多遠，只告訴他們跟著嚮導走就行了。這些人剛走了兩、三公里就有人叫累了，走了一半時有人幾乎生氣了，他們抱怨為什麼要走這麼遠，何時能走到。有人甚至坐在路旁不願意再走了，越往後走他們的情緒越低落。

第二組的人知道村莊的名字和路程，但路旁沒有里程碑，他們只能憑著經驗估計行走的時間和距離。走到一半的時候，大多數人就想知道他們已經走了多遠，比較有經驗的人說：「大概走了一半的路程。」

於是大家又簇擁著向前走。當走到全程的四分之三時，大家情緒低落，覺得疲憊不堪，而路似乎還很長。當有人說：「快到了！」大家又振作精神起來加快了步伐。

第三組的人不僅知道村子的名字、路程，而且路上每一公里就有一塊里程碑。人們邊走邊看里程碑，每縮短一公里大家內心便有不小的快樂。行程中他們用歌聲和笑聲來消除疲勞，情緒一直很亢奮，所以很快就到達了目的地。

這不難理解。人們如果清晰地瞭解自己行動的明確目標，和自己的進行速度，就會克服一切的困難，努力達到目標。目標設計得越具體越細化越容易實現。

目標之所以看起來遙遠，是因為我們只看到從出發到最後，到達這一段長遠的距離，由此感到灰心絕望。其實，若像方程式一般，一步步地去分解，再難完成的事情都會化繁為簡。

一九八四年東京國際馬拉松邀請賽中，名不見經傳的山田本一獲得冠軍，有很多人為此置疑。兩年後的義大利國際馬拉松邀請賽中，他再次獲得冠軍。

馬拉松賽跑是體力和耐力的運動，只有身體素質好又有耐力的人才有望奪冠，爆發力和速度都是次要因素。

山田本一又是怎樣獲得成功的呢？在接受採訪中他這樣說：「每次比賽前，我都要坐車把比賽的路線仔細看一遍，並把沿途比較醒目的標誌畫下來，比如第一個標誌是一棵大樹；第二個標誌是銀行；第三個標誌是一座紅色房子……這樣一直畫到比賽的終點。比賽開始後，我就以百米的速度奮力衝向第一個目標，等到達第一個目標後，又以同樣速度向第二個目標衝去。四十多公里的賽程，就被我分解成這麼幾個小目標而輕鬆的跑完了。」

山田本一成功的奧秘就在於將最終目標分成幾個小目標，在每一個小目標中以最飽滿的激情和動力來完成，從而達到最後的勝利。

方向比努力更重要

你的上帝就是你神聖的目標，只有它能引領你去成功的殿堂與幸運之神約會。

夜晚，一個人在房間裏四處搜索著什麼東西。有一個人問道：「你在找尋什麼呢？」

「我丟了一枚金幣。」他回答。

「你把它掉在房間的中間，還是牆邊？」第二個人問。

「都不是。我把它掉在了房間外面的草地上了。」他又回答。

「那你為什麼不到外面去找呢？」

「因為那裡沒有燈光。」

你肯定會覺得這個人很可笑。然而，我們之中的有些人每天都在錯誤的地方尋找他們想要的事物。

一個想要找到金礦的採礦者，如果他認為在海灘上挖掘更容易，因此就在那裡尋找金子的話，那麼他找到的肯定只是一堆堆的沙土，絕對不可能找到金子；一個挖井的人，若挖了很久還不見到水，那麼轉個彎，也許就能看到水了。

所以不要在不必要的地方付出你全部的精力，若要有所收穫，必須選擇正確的目標。

一位軍閥每次處死犯人時，都會讓犯人選擇：一槍斃命或是選擇從牆壁上的一個黑洞進去，命運未知。所有犯人都寧可選擇一槍斃命也不願進入那個不知裏面有什麼東西的黑洞。

一天，酒酣耳熱之後，軍閥顯得很高興。旁人很大膽地問他：「大帥，您可不可以告訴我們，從這黑洞走進去究竟會有什麼結果？」

「沒什麼啦！其實走進黑洞的人只要經過一兩天的摸索便可以順利地逃生了，人們只是不敢面對不可知的未來罷了。」軍閥回答。

看來，看不到目標比死亡還可怕。很多人把別人的成功看作是運氣，把自己的失敗歸究為命不好，放棄了努力，把自己的命運交給了上天。他們不知道一個偉大的奧秘，你的上帝就是你神聖的目標，只有它能引領你去成功的殿堂與幸運之神約會。

選擇方法比努力更重要

做任何事情都要明確你的目的，不要為了忙而忙，到頭來白忙一場。

朋友要在客廳裏掛一幅字畫，便請鄰居來幫忙，字畫已經在牆上扶好，正準備鎚打釘子時，鄰居突然說：「這樣不好，最好釘兩個木塊，把字畫掛在上面。」朋友聽從了鄰居的意見，讓他幫著去找鋸子。剛鋸了兩三下，鄰居說：「不行，這鋸子太鈍了，得磨一磨。」

於是鄰居丟下鋸子去找銼刀。銼刀拿來了，他又發現銼刀的柄壞了。為了給銼刀換一個柄，他拿起斧頭到樹林裏去尋找小樹。就在要砍樹時，他發現那把生滿鐵銹的斧頭實在是不能用，必須得磨一下。

磨刀石找來後鄰居又發現，要磨快那把斧頭，必須得用木條把磨刀石固定起來。為此，他又出去找木匠，說木匠家有現成的木條。

然而，這一走，朋友就再也沒有看見鄰居回來。當然，那幅字畫，朋友還是一邊一個釘子把它釘在了牆上。第二天朋友再見到鄰居的時候是在街上，他正在幫木匠從五金商店裏往外搬一台笨重的電鋸。

做任何事情都要明確你的目標，不要為了忙而忙，到頭來白忙一場。現在問問自己為什麼而忙？忙並不等於效率高，想要過有效率的生活是不需要多忙的，忙是沒有效率的人的推脫之辭。

有兩隻螞蟻想翻越一面牆，尋找牆那頭的食物。

一隻螞蟻來到牆腳就毫不猶豫地向上爬去，可是當牠爬到大半時，就由於勞累、疲倦而跌落下來。可是牠不氣餒，一次次的跌下來，又迅速調整一下自己，重新開始向上爬去。

另一隻螞蟻觀察了一下，決定繞過牆去。很快，這隻螞蟻繞過牆來到食物面前，開始享受起來。

成功之門是不能降低標準的

要想找到真正成功的感覺，還是去跳那個沒有降低高度的門吧！

鯉魚們都想跳過龍門，因為，只要跳過龍門，牠們就會從普通的魚變成超凡脫俗的龍了。

可是，龍門太高，牠們一個個累得精疲力竭，摔得鼻青臉腫，卻沒有一個能夠跳過去。牠們一起向龍王請求，讓龍王把龍門降低一些。龍王不答應，鯉魚們就跪在龍王面前不起來。牠們跪了八十一天，龍王終於被感動了，於是答應了牠們的要求。鯉魚們一個個輕輕鬆鬆地跳過了龍門，興高采烈地變成了龍。

不久，變成了龍的鯉魚們發現，大家都成了龍，跟大家都不是龍的時候好像並沒有什麼兩樣。於是，牠們又一起去找龍王，說出自己心中的疑惑。

龍王笑說：「真正的龍門是不能降低的。你們要想找到真正龍的感覺，還是去跳那座沒有降低高度的龍門吧！」

降低標準，只能是自己欺騙自己。像龍門一樣，真正的成功之門是不能降低的。要想找到真正成功的感覺，還是去跳那個沒有降低高度的門吧！

生活要學會說不

誠然，與人交往和幫助別人是重要的。尤其是主動的幫忙更會受到歡迎。但是，如果你是被某種心理的壓力所迫，對一切都點頭答應，實際上是在屈服，必須要改變這種狀況，最重要的行動之一就是學會說：「不」！

英國作家毛姆在小說《啼笑皆非》中，講過這麼一段耐人尋味的故事——一位小人物一舉成為名作家，親朋老友紛紛來向他道賀，成名前的門可羅雀與成名後的門庭若市形成了鮮明的對比。毛姆為我們描述了這樣一個場面：一位早已疏遠的老朋友找上門來，向你道賀，怎麼辦呢？是接待他還是不接待他？按照本意，自己實在無心見他，因為一無共同語言，二來浪費時間；可是人家好心好意來看你，閉門不見似乎說不過去，於是只好見他了。

見面後，對方又非得邀請你改日到他家去吃飯。儘管你內心一百個不樂意，但盛情難卻，你不得不佯裝愉悅地答應了。在飯桌上，儘管你沒有念舊之情，可是又怕冷場，於是又得強迫自己無話找話，這種窘迫相可想而知。來而不往非禮也，雖然你不再願意和這位朋友打交道，但你還是不得不提出要回請朋友一餐。你還得苦心盤算：究竟請這位朋友到哪家餐廳合適呢？去知名的餐廳吧！你擔心你的朋友會懷疑你是要在他面前擺闊；找個普通的吧！你又擔心朋友會覺得你過於吝嗇……。

也許故事有點誇張，但生活中的確不乏類似故事中的人物，他們不善於拒絕別人，擔心那樣會傷害彼此之間的友誼，於是經常違心地答應別人的要求，結果在很大程度上可以說是為了別人而活，甚至逐漸迷失了自己。

一句忠告

不要拒絕聽取別人的意見，但只吸收正確的，並去做你認為是正確的事情。

在瑪麗亞大約十二歲時，有個女孩子是瑪麗亞的對頭，她總愛挑瑪麗亞的缺點。日久天長，她把瑪麗亞的缺點數了一大串，什麼皮包骨、不是好學生、愛搗蛋、講話聲音太大、自滿自大⋯⋯。

瑪麗亞儘量克制著自己，最後，再也忍不住了，含著眼淚和憤怒去找爸爸。爸爸平靜地聽完瑪麗亞的申訴後，問說：「她所講的這些是否正確？」

「正確？但我想知道的是怎樣回擊！它和正確有什麼關係？」

爸爸說：「瑪麗亞，難道知道自己實際上是怎樣的，是不好嗎？現在妳已知道那個女孩子的意見，去把她所講的都寫出來，在正確的地方標上記號，其他的則不必理會。」

瑪麗亞遵照爸爸的話將那個女孩子的意見列了出來，最後竟驚奇地發現，她所講的有一半是正確的。

有一些缺點我不能改變，例如：我很瘦；但是大多數我都能改，並願意立即改掉它們。在我的生平中，我第一次對自己有一個公正清晰的認識。

我把單子送給爸爸，他拒絕收下。爸爸說：「留給妳自己吧！妳現在比任何人都瞭解自己。當妳聽到意見時，不要由於生氣、傷心而聽不進去；正確的批評妳會分辨出來的。」

父親是鎮上最有學識的人。他是當地最有名望的律師、法官及校務會的會長。當然，眼下我還很難完全接受爸爸的話。「不管怎樣，我認為在別人面前議論我是不對的。」我說。

爸爸說：「瑪麗亞，只有一條路可以不再被人議論、不受別人批評，那就是什麼也不說，什麼也不做。當然，結果便是妳一事無成。妳是不願意成為這種人的，對嗎？」

「那當然！」我承認說。從那時起，我就立下了雄心。對於如何正確地聽取意見，我還經過一個更慘痛的教訓。那次我們要參加一個高年級演出，在一個節目裏，我將擔任主角，多令人興奮啊！

在演出的前幾天，我的朋友們商定要到附近的湖邊去野炊，那天天氣寒冷，媽媽想讓我待在家裏免得著涼，我為此大發脾氣。最後在我答應不下湖游泳後，媽媽才讓步了。

當然，我僅遵守允諾的字眼而不是精神。當別人下水時，我也不甘落後，穿上游泳衣上了船。當我最後划向岸邊時，幾個男同學開始搖晃我的船；我正準備靠岸，船翻了。為了不掉到水裏，我一步跳上岸，不料卻踩到了一個破瓶子，碎玻璃一直紮到腳跟的骨頭上。

在那場演出中，我沒有上場。我住院時，我的替代角色的演出獲得了成功。

「但是我遵守了自己的允諾，並沒有去游泳。」我對父親說。

爸爸說：「瑪麗亞，媽媽講的話，妳只聽了一半。她讓妳答應的是要避免感冒，去游泳只是它的一部分，妳只聽了一半道理。結果，妳自己受到了懲罰。」最後我辯解說：「我所有的朋友都認為如果我待在船裏，就不會出事了。」

「但是他們都錯了！」爸爸停了一會兒說，「妳會發現世界上有許多人，他們自認為在對妳負責。不要拒絕聽他們的意見，但是只要吸收正確的，並去做妳認為是正確的事情。」

在許多關鍵的時候，我都想起父親的教導。由於一個偶然的機會，我來到好萊塢闖入了電影界。在電影城我試遍了每一家製片廠。歲月流逝，兩年過去了，我還沒有找到工作。

有一位導演，總是討厭碰到我。他說：「妳的鼻子太大、脖子太長，妳這副模樣永遠不能演電影。相信我，我是內行！」我想：假如這是正確的，但我對此無能為力。對我的脖子和鼻子我毫無辦法，只好不管它們而用加倍的努力來取得成功！我所需要的正確意見，最後來自一位善良、聰慧，名叫傑羅姆．克思的人。

他對我說：「妳必須學會用妳自己的方法去唱！」起初，我很灰心，對他的話也不太在意；事後，我又想了一遍，覺得很對，它鼓舞著我，正像父親常對我講的那樣。假如我一旦成功，這一定是我自己，而不是別人。

幾個星期以後，好萊塢夜總會宣布候補演員演出節目。和以往一樣，「候補瑪麗」又登台了。但這次，我不試圖模仿他人，而是我自己。我不想施展魅力，只穿上一件普通的鑲有黑邊的白色衣服，並用我在德克薩斯學到的唱法放開喉嚨歌唱。最後我成功了，並且找到了工作。

當別人向你提出建議時，不要盲目的順從，也不要全盤的推翻，要不斷地從這些「建議」中分析自己，相信自己就一定會成功！

不要去尋找那唯一的答案

當我們面對兩樣同等重要的東西時，不如憑你的直覺去選擇。生命中，有些東西是必然要喪失的，要學會去承受喪失的痛苦。與其去理性的比較，不如當機立斷。

十四世紀法國經院哲學家布利丹曾經講過一個哲學故事：一頭毛驢站在兩堆數量、質量和與牠的距離完全相等的乾草之間。牠雖然享有充分的選擇自由，但由於兩堆乾草價值絕對相等，客觀上無法分辨優劣，也就無法分清究竟要選擇那一堆好，於是牠始終站在原地不能舉步，結果最後只好被活活餓死。

布利丹所說的毛驢的困惑和悲劇也常折磨著人類，特別是一些缺乏社會閱歷的初涉的人。年輕時，我們凡事都喜歡去問為什麼，有不恥下問的好習慣。但很多事情都是越想越複雜的，就像《射雕英雄傳》裏的西毒歐陽峰，他反覆思索著「我是誰」。若人人都這樣較起真來，豈不活得沉重起來。

你一定聽說過蜈蚣的故事。蜈蚣是用百條細足蠕動前進的，哲學家青蛙見了蜈蚣，久久地注視著。心裏很納悶：四條腿走路都那麼困難，但蜈蚣居然有百條腿，牠如何行走呢？這簡直是奇蹟！蜈蚣是怎麼決定先邁哪條腿，然後動哪條腿，接著再動哪條腿呢？有百條腿呢！於是青蛙攔住了蜈蚣，問說：「我是個哲學家，但是被你弄糊塗了，有個問題我解答不了，你是怎麼走路的？用這麼多條腿走路，這簡直不可思議！」

蜈蚣說；「我一直就這麼走的，誰想過呢？現在既然你問了，那我得想一想才能回答你。」

這一念頭第一次進入了蜈蚣的意識。事實上，青蛙是對的，該先動哪條腿呢？蜈蚣站立了幾分鐘，動彈不得，蹣跚了幾步，終於趴下了。牠對青蛙說：「請你再也別問其他蜈蚣這個問題了，我一直都在走路，這根本不成問題，現在你把我害苦了！我動不了了，百條腿要移動，我該怎麼辦呢？」

思考自己

生活要過得持平，生命才能夠完整無缺。我們必須跟別人共處，但也必須偶爾離群索居。

不管是什麼社交活動，假如你的朋友和同事都參加而你偏說：「我不去」，多半會有人問你：「為什麼？你是不合群呢？還是另有原因？」再不然，有人會打量你一番，然後故不做聲，逼迫你非解釋原委不可。

我得申述我的見解：朋友間的交情固然可貴，但我們大都過分忙於交際，疲於奔命參加聚會，結果是上了自己的當，失去比「社會調適」重要得多的東西。古人稱它為「沉思」，是在離群獨處時默想，並詢問自己：「我是誰？我是到什麼地方去？」我們在這段時間不再為取悅別人而擺出笑臉，也大可脫掉鞋子，為所欲為，哪怕什麼都不做也沒有關係。

不久前，一位朋友打電話來，問我和丈夫可否駕車順道去接她，一起去參加宴會。我們到達她家時，我丈夫問她：「查理病了嗎？」那時是黃昏，我們看見她丈夫查理懶洋洋地躺在後院的吊床上。

「他沒有病，他是在沉思。」她說。

我倆覺得她的答話很古怪，暫時不出聲，然後立即改變話題。心想：或許查理變成了「十三點」。

宴會後送她回家。我們走進屋裏時，謹慎地用開玩笑的口吻詢問查理：「沉思的進展怎麼樣？」

「好極了，」查理說：「你們到院子來，我要讓你們看一些東西。」我們走到後院，查理用手指著說：「瞧瞧那些星星。」

我依然懷疑查理是否有點問題，但我還是仰望天空。不一會，我把查理和其他人都置於腦後。我好久沒有在明朗的晚上仰望天空了，簡直忘了它有多麼美。

查理說：「我今天上班，遇到個難題，一直困擾著我。今晚我到院子裏來時，認定那問題已經沒有解決的希望。不料我躺下來欣賞美麗的天空，躺得越久，那問題便似乎變得越小。我現在雖然只解決了問題的一部分，但深信應該已經沒有困難了。」我不禁想著，如果查理今晚赴宴，結果會怎樣？他會不會認定那個問題太難而無法解決呢？

我們不僅需要抽空詳細考慮自己的問題，也需要抽空讓自己的思緒任意奔流起伏，以便多瞭解自己。其實，所謂社會調適，不外乎自己喜歡別人而又被別人喜歡罷了。研究行為學的專家不是一再的指出，我們喜歡別人的程度是跟我們喜歡自己的程度成正比的嗎？我們必須偶爾抽空跟自己打交道。

我絕對相信：生活要過得持平，生命才能夠完整無缺。我們必須跟別人共處以及從事社交活動，但也必須偶爾離群索居，以便反省沉思。我認為我們每次反省沉思之後，精神會更煥發，意志會更堅強，也準備做對社會上更有價值的成員。因此，每當我們應酬太多，渴望晚上待在家裏靜思時，我們盡可說一聲「我不去」，不必因為說這話而感覺難為情。

選擇伴侶

生活中也是如此的，只要是令你滿意的就是最好的。

古希臘哲學導師蘇格拉底的三個弟子曾求教老師，怎樣才能找到理想中的伴侶。

蘇格拉底沒有直接回答，卻讓他們走麥田埂，只許前進，且僅給一次機會選擇來摘一根最大的麥穗。

第一個弟子走了幾步看見一根又大又漂亮的麥穗，高興地摘下了。但是他繼續前進時，發現前面有許多比他摘的那根大，只得遺憾地走完了全程。

第二個弟子吸取了教訓，每當他要摘時，總是提醒自己，後面還有更好的。當他快到終點時才發現，機會全錯過了。

第三個弟子吸取了前兩位教訓，當他走到三分之一時，即分出大、中、小三類，再走三分之一時驗證是否正確，等到最後三分之一時，他選擇了屬於大類中的一根美麗的麥穗。雖說，這不一定是最大最美的那一根，但他滿意地走完了全程。

蘇格拉底說伴侶是我們遺失的另一半，對伴侶的選擇是必須慎重的。第一個在還沒有走完全程時，就輕率的做出選擇，遺憾是必然的；第二個過於謹慎，不知滿足，所以直到最後他也沒有尋覓到滿意的；只有最後一個弟子，他既不感情用事，也不求全責備，而是經過理性的思考和比較，選出了令他最滿意的麥穗。

生活中也是如此的，沒有最好，只要是令你滿意的就是最好的。但在你人生閱歷尚淺，還不知道情為何物時，切不可盲目地做選擇。

在正確的時間、正確的地點，遇到了正確的人。既不是太早，也不是太晚，只是剛好你也在這裡。

挑戰自身的弱勢

人，確實有無限的潛力！

一位音樂系的學生走進練習室。在鋼琴上，擺著一份全新的樂譜。

「超高難度……」他翻著樂譜，喃喃自語，感覺自己對彈奏鋼琴的信心似乎跌到谷底，消磨殆盡。已經三個月了！自從跟了這位新的指導教授之後，不知道為什麼教授要以這種方式整人。勉強打起精神，他開始用自己的十指奮戰、奮戰、奮戰……琴音蓋住了教室外面教授走來的腳步聲。

指導教授是個極具有名的音樂大師。授課的第一天，他給自己的學生一份樂譜。他說：「試試看吧！」但樂譜的難度頗高，學生彈得生澀僵硬、錯誤百出。教授在下課時，如此叮囑學生說：「還不熟悉，回去好好的練習！」

學生練習了一個星期，第二週上課時正準備讓教授驗收，沒想到教授又給他一份難度更高的樂譜，「試試看吧！」上星期的課教授也沒提。學生再次掙扎於更高難度的技巧挑戰。

第三週，更難的樂譜又出現了。同樣的情形持續著，學生每次在課堂上都被一份新的樂譜所困擾，然後把它帶回去練習，接著再回到課堂上，重新面臨高難度的樂譜，卻怎麼樣都趕不上進度，一點也沒有因為上週練習而有駕輕就熟的感覺，學生內心感到越來越不安、沮喪和氣餒。教授走進教室，學生再也忍不住了。他必須向指導教授提出這三個月來何以不斷折磨自己的質疑。

教授沒開口，他拿出最早的那份樂譜，交給了學生。「彈奏吧！」他以堅定的目光望著學生。

不可思議的事情發生了，連學生自己都驚訝萬分，他居然可以將這首曲子彈奏得如此美妙、如此精湛！教授又讓學生試了第二堂課的樂譜，學生依然呈現出超高水準的表現……演奏結束後，學生眼睜睜地望著老師，說不出話來。

「如果，我任由你表現最擅長的部分，可能你還在練習最早的那份樂譜，就不會有現在這樣的程度……」指導教授緩緩地說。

人，往往習慣於表現自己所熟悉、所擅長的領域。但如果我們願意回頭仔細檢視，將會恍然大悟：看似緊鑼密鼓的工作挑戰，永無歇止難度漸升的環境壓力，不也就在不知不覺間養成了今日的諸般能力嗎？因為，人，確實有無限的潛力！

恰到好處就是幸福

需要的時候得到的滿足，就是一種幸福！

有一個人，他生前善良且熱心助人，所以在他死後，升上天堂，做了天使。他當了天使後，仍時常到凡間來幫助人，希望感受到幸福的味道。

一日，他遇見一個農夫，農夫的樣子非常困惱，他向天使訴說：「我家的水牛剛死了，沒牠幫忙犁田，那我怎麼能下田耕作呢？」

於是天使賜他一隻健壯的水牛，農夫很高興，天使在他身上感受到幸福的味道。

又一日，他遇見一個男人，男人非常沮喪，他向天使訴說：「我的錢被騙光了，沒盤纏回鄉。」

於是天使給他銀兩做路費，男人很高興，天使在他身上感受到幸福的味道。

又一日，他遇見一個詩人，詩人年輕、英俊、有才華且富有，妻子貌美而溫柔，但他卻過得不快樂。

天使問他：「你不快樂嗎？我能幫你嗎？」

詩人對天使說：「我什麼也有，只欠一樣東西，你能夠給我嗎？」

天使回答說：「可以。你要什麼我也可以給你。」

詩人直直的望著天使說：「我要的是幸福。」

這下子把天使難倒了，天使想了想，說：「我明白了。」

然後把詩人所擁有的一切都拿走。

天使拿走詩人的才華，毀去他的容貌，奪去他的財產和他妻子的性命。

天使做完這些事後，便離去了。

一個月後，天使再回到詩人的身邊，他那時餓得半死，衣衫襤褸地躺在地上掙扎。

於是，天使把他的一切還給他。

然後，又離去了。

半個月後，天使再去看看詩人。

這次，詩人摟著妻子，不停的向天使道謝。

因為，他得到幸福了。

你曾經覺得孤獨嗎？你嘗過幸福的味道嗎？孤寂、璀璨本就是形容詞，所有的形容詞都是比較的。沒嘗過孤寂，又怎麼知道何謂璀璨的人生？孤寂又豈非人生之必經？人很奇怪，每每要到失去，才懂得珍惜。其實，幸福早就放在你的面前。肚子餓的時候，有一碗熱騰騰的拉麵放在你眼前，幸福；累得半死的時候，躺在軟軟的床，也是幸福；哭得要命的時候，旁邊溫柔的遞來一張紙巾，更是幸福。

幸福原本就沒有絕對的定義，平常一些小事也往往能撼動你的心靈，幸福與否，只在乎你的心怎麼看待。

焦耳的故事

> 在學習知識的時候，不能只考慮自己的興趣，也要充分考慮每一門知識對自己未來的可能影響。

數學是一切自然科學的基礎，打好了這一基礎，知識的大樓才會牢固。在學習知識的時候，不能只考慮自己的興趣，也要充分考慮每一門知識對自己未來的可能影響。

十九世紀初，一個早晨，英國一家釀酒廠的老闆帶著他的兩個兒子，來到著名科學家道爾頓的家裏，懇求道爾頓教這兩個孩子學習科學知識。其中年齡較小、機智活潑的孩子，名叫詹姆斯．焦耳。

道爾頓是一位嚴格的老師。開始，他並沒有給孩子們講授物理和化學的原理，而是講了許多高深的數學知識。

「講這些枯燥的數學有什麼用？若能講講那些有趣的電學實驗該多好！」焦耳有些不耐煩了。

好不容易盼到了放假，焦耳和哥哥一同去旅遊。他找來一匹跛馬，讓哥哥牽著，自己卻悄悄躲在後面，用電池將電流通到馬的身上，想要試驗動物對電流的反應。結果，跛馬受到電擊狂跳起來，差一點出了事。

他們又划船來到青山環繞的湖上。焦耳決定試試這裡的回聲有多大，他在槍口裏塞入大量的火藥，然後扣動扳機。誰知槍聲大作，「碰」地一聲，噴出一股長長的火焰，燒光了焦耳的眉毛，還把哥哥嚇得差點掉進水裏。

後來，他們又興致勃勃地爬上一座高山。只見遠處濃雲低垂，隱約能看到閃電，然後才聽到滾滾的雷聲。這是怎麼回事？焦耳用懷錶認真記錄下從閃電開始到聽到雷聲的時間。

開學後，焦耳把自己做的試驗都告訴了老師。道爾頓笑了，說：「這些實驗中，只有最後一次你做對了。」他諄諄告誡焦耳：人們只要掌握了光的速度和聲的速度，就可以從看到閃電到聽到雷聲的時間，推斷出閃電發生在相距多遠的地方。

焦耳聽了很驚異：「難道枯燥的數學中會藏著這麼多學問？」道爾頓舉了許多例子開導他，真正的科學實驗是不能只觀察現象的，它必須有精密的測量，並學會用數學知識從測量的資料中總結出規律。

焦耳頓開茅塞，從此，他開始注重理論學習和精密的測量了。經過這樣不懈的努力，他終於成為了世界聞名的物理學家。

亞當斯的選擇

不要認為學習是一件苦差事，那是因為你還未深入進去，還沒能體會置身其中的樂趣。

約翰．亞當斯是美國第二任總統。

亞當斯小時候，必須學習拉丁語法，但是，他覺得那是一件相當枯燥的事。於是他就告訴他的父親說：「我不喜歡拉丁文，能不能做點別的？也許我更適合於做其他別的什麼工作呢？」

「好吧！親愛的約翰，」父親說，「你可以試試挖條溝。我們前面的牧場需要挖一條溝，既然你希望找點別的什麼事做，那麼不妨就試試看。」

亞當斯興奮地跑到牧場做了起來，不久，他就覺得挖溝是一件苦差事，沒有坐在桌子前學拉丁文舒服，於是準備恢復學習。但又不在表面上流露出來，因為他很清高，自尊心驅使他又做了一天，然而勞累終於戰勝了自尊心，他又跑回去學那「枯燥」的拉丁文去了。

直到晚年，約翰・亞當斯也還一直認為，下面這件事為塑造他的性格和人生的方向起了重要的作用。

亞當斯在童年時對讀書毫無興趣，以致其父對他進行的種種方式的誘導均告失敗。父親十分憤怒，便直截了當地問他十歲的兒子：「你想做什麼，孩子？」

「當農民。」亞當斯毫不遲疑地回答。

「那麼好吧！我要教給你怎樣當農民。」父親更加氣憤了，「明天早上你和我去彭尼渡口，幫助我收茅草。」

第二天一早，父子倆一起出發，沿著小河做了一整天活，弄得滿身是泥。

亞當斯回到家中累壞了，對當農民的熱情也銳減了。

父親問亞當斯：「你對當農民滿意嗎？」他認為對孩子的教育已經見效了。

孩子的回答讓他非常吃驚，「我非常喜歡它，爸爸。」

亞當斯倔強的性格維護著他那高貴的自尊心，但是，從此他真正開始認真讀書了。

塑造別人接受你的形象

不注意甚至是錯誤地展示你的形象，可能會使你喪失升職的機會。所以，要特別關注自己的形象，連細節也不要錯過。

比爾是菲力浦．莫里斯公司在加利福尼亞的一個子公司的首席財務長（CFO）。比爾擁有哥倫比亞大學的MBA學位，無疑是任何一個公司的首席財務長的合格人選。因為這個子公司與菲力浦．莫里斯的整個經營方向不是很適應，因此它被公司出售出去，而比爾也就被收購這家公司的另一家公司的CFO所代替。換句話說，比爾失業了。

比爾來找柯維，向他諮詢自己怎麼樣才能在求職的過程中做得更好。柯維告訴他：「比爾，你必須刮掉你的鬍子，如果你想在別人面前改善你作為ＣＦＯ的形象的話。不管你喜不喜歡，將要面試你的財務方面的負責人的偏好一般都比較保守。」

比爾立刻否定了柯維的觀點，他說：「如果他們不能接受我的裝扮，那將是他們的一大損失。」

雖然柯維非常理解比爾的話，並且試圖說服他，使他相信，他可以在得到他想要的職位後，再把鬍子留起來，但是他仍然置若罔聞，並不把肢體語言的形象方面當回事。

一年之後，比爾還在尋找工作，實際上，到那時為止，還沒有一家公司願意錄用他。幸運的是，他以前存了足夠的錢，能夠買下一個小企業。他可以保留他的鬍子了，而且按照他覺得比較合適和舒服的方式經營這家公司。

瞭解自己的目標

在生活和工作中，明確自己的目標和方向是非常必要的。只有在知道你的目標是什麼、你到底想做什麼之後，你才能夠達到自己的目標，你的夢想才會變成現實。

有一個二十五歲的年輕人，因為對自己的工作不滿意，他跑來向柯維諮詢。他對自己的生活目標是：找一個稱心如意的工作，改善自己的生活處境。他生活的動機似乎不全是出自私心而且是完全有價值的。

「那麼，你到底想做點什麼呢？」柯維問。

「我也說不太清楚，」年輕人猶豫不決地說：「我還從沒有考慮過這個問題。

我只知道我的目標不是現在的這個樣子。」

「那麼你的愛好和特長是什麼呢？」柯維接著問：「對於你來說，最重要的是什麼？」

「我也不知道，」年輕人回答說：「這一點我從沒有仔細考慮過。」

「如果讓你選擇，你想做什麼呢？你真正想做的是什麼？」柯維對這個話題窮追不捨。

「我真的說不準，」年輕人困惑地說：「我真的不知道我究竟喜歡什麼，我從沒有仔細考慮這個問題，我想我確實應該好好考慮考慮了。」

「那麼，你看看這裡吧！」柯維說：「你想離開你現在所在的位置，到其他地方去。但是，你不知道你想去哪裡。你不知道你喜歡做什麼，也不知道你到底能做什麼？如果你真的想做點什麼的話，那麼，現在你必須拿定主意。」

柯維和年輕人一起進行了徹底的分析。柯維對這個年輕人的能力進行了測試，他發現這個年輕人對自己所具備的才能並不瞭解。柯維知道，對每一個人來說，前進的動力是不可缺少的，因此，他教給年輕人培養信心的技巧。

現在，這位年輕人已經滿懷信心踏上了成功的途徑。

現在，他已經知道他到底想做什麼，知道他應該怎麼做。他懂得怎樣才能事半功倍，他期待著收穫，他也一定能獲得成功，因為沒有什麼困難能擋住他前進的腳步。

把握境遇的最高要求

如果你知道如何控制自己的心態和行為，你就可以無所不能。如果你知道如何去爭取，就必然能得到所想要的。我們都會遭遇相同的人生挑戰，但各人境遇會不同，全在於我們如何去面對那些挑戰。

有一天晚上，研討會結束之後，羅賓獨自漫步於波士頓科普利廣場，此時已是夜深人靜。廣場的四周環繞著美國自建國以來的各式建築，他不由得端詳起來。就在此時，羅賓瞥見一人搖搖搖晃晃的朝向自己走來。他似乎流浪街頭已有多日，渾身都是酒氣。

羅賓猜想他一定會走過來乞討幾塊美元。果不其然，他迎向羅賓開口說道：「先生，能否給我一塊美元呢？」

起先羅賓有點猶豫，後來還是動了惻隱之心。一塊美元實在是微不足道的，但羅賓覺得自己至少可以給他一個指點，邊說：「一塊美元？你就只要一塊美元嗎？」

他忙不迭地說：「就一塊美元。」

羅賓把手伸到褲袋裏，掏了一塊美元給他，同時說：「人生能得到多少，就看你要求多少。」

乞丐聽了為之一愣，然後蹣跚離去。

望著他走遠的背影，羅賓十分感慨：為什麼成功的人和失敗的人有如此懸殊的差異？我和他都是人，為什麼我的人生充滿了喜悅，事事都那麼順利；而他，一位六十出頭的老人，卻要露宿街頭，靠乞討為生呢？答案就在於：人生會給予你所要的一切。

如果你只想要一塊美元，你就只能得到一塊美元，如果你想要充滿喜悅和成功的人生，也同樣會得到的。

試金寶石

人生實在是奇妙，不管我們是怎麼地認定自己，哪怕那種認定是不好的或有害的，最終我們的人生必然會跟著那種認定而走。我們每個人都擁有無窮的能力，只要我們能夠改變對自我的認定就可以了。

有一天，一位禪師為了啟發他的門徒，給他的徒弟一塊石頭，叫他去菜市場，並且試著賣掉它。這塊石頭很大，很好看。但師父說：「不要賣掉它，只是試著賣掉它，注意觀察，多問一些人，然後告訴我在菜市場它能賣多少錢。」於是這個徒弟去了菜市場。

在菜市場，許多人看著石頭想：它可以做很好的擺飾品，我們的孩子可以玩，或者我們可以把這當作稱來用的秤砣。於是他們出了價，但只不過是幾個小硬幣。徒弟回來後說：「它最多只能賣到幾個硬幣。」

師父說：「現在你去黃金市場，問問那裡的人。但是不要賣掉它，光問問價格。」從黃金市場回來，這個門徒很高興，說：「這些人太棒了，他們願意出到一千元。」

師父說：「現在你去珠寶商那裡，但不要賣掉它。」他去了珠寶商那裡。他簡直不敢相信，他們竟然願意出五萬元，他不願意賣，他們繼續抬高價格，他們出到十萬。

但是徒弟說：「我不打算賣掉它。」他們說：「我們出二十萬、三十萬，或者你要多少就多少，只要你賣！」徒弟說：「我不能賣，我只是問問價格。」他不能相信：「這些人瘋了！」他自己覺得菜市場的價格已經足夠了。

徒弟回來後，師父拿回石頭說：「我們不打算賣了它，不過現在你明白了，這個要看你，看你是不是有試金石、理解力。如果你是生活在菜市場，那麼你只有那個市場的理解力，你就永遠不會認識更高的價值。」

人生的八個路標

漫漫的人生路上有無數的路標，它們告訴我們應該怎麼做，或不應該怎麼做。我們只要一一遵照執行，就一定能獲得成功。

人生之路的第一個路標寫著：「耐力」。一些人認為所謂成功，無非就是那套ABC理論—才智、衝勁和勇氣。但我們要想成功光有這三樣是遠遠不夠的。你還必須以堅強的耐力對付生活中遇到的各種坎坷、障礙。布克．特．華盛頓曾說過：「我以為，衡量一個人成功與否，不完全是以他在生活中所得到的地位為標準的，而是由他在努力通往成功的路上越過的障礙多少作為尺度的。」

我們每個人都要對付那些令人頭痛的、失意的事情。我們暫且把地位問題放在一邊，為了成功，你必須要具有耐力。一位知名的拳擊手在他的《再戰一回合！》中充分表現了這種堅強耐力，他寫道：「再戰一回合！當你雙腳站立不穩，馬上就要跌倒的時候，再戰一回合！當你筋疲力盡，無法舉起雙臂防禦對手的進攻時，再戰一回合！有時，你被打得鼻青臉腫，無力再戰，甚至你希望對手乾脆猛擊一拳將你打昏過去時，此時此刻，再戰一回合！記住，一個常常『再戰一回合』的人是不會被打垮的。」

這條路上的第二個路標上寫著：「謙虛」。本傑明．佛蘭克林說過：「知識之門永遠對任何人敞開」。如果你所掌握的僅僅是你在學校所學的那些東西，那麼在今後十五年裏，在選擇職業時，你的能力和你的價值水平將是最低一級的。享利．福特斷言：「一個人無論實際年齡已過八十還是剛剛成年，如果他停止學習了，那麼他就是衰老了。不斷努力學習的人，不僅能保持青春的活力，而且能使自己更加有價值。」

第三個路標上寫著：「體諒」。馬克．吐溫在他的一篇作品中寫道：**「善良，是一種世界通用的語言，且盲人可感之，聾人可聞之。」**能體諒他人，這是種美德，這是件很嚴肅、很重要的事。對人體貼、寬宏大量，這種美德是無價之寶。

第四個路標上寫著：「關懷」。關懷這個詞也可用「富有同情心」或「誠心誠意」等詞來表示。如果你肯花錢、花時間去保護、資助那些值得你這麼做的人，你就可以稱得上最關懷他們的。有了這種品德，你就會成為一個誠實、熱情的人，工作上你就會踏踏實實而不是偷懶虛度。請記住：對你的老師、同學、朋友、家人和那些你應幫助的人，凡是你能做到的，你都應盡力而為。

第五個路標是：「獨創」。在日常生活中，這是件最難的事，往往是由於怨天尤人這種壞習慣毀了我們的獨創性。不滿足於現狀是建立一個新世界的必要條件，但你也不要忘記，不滿足於現狀雖造就了社會公僕，但也為產生玩世不恭的人提供了適宜的土壤。一般說來，一些人探索生活，找到了答案，但又對這個答案深感不滿，於是世界上就出現了公僕、新世界的建設者和新方法的發明者。另一些人，他們沒找到答案，這就使他們對人類發明、社會生活持有了一種抱怨以致抵觸的態度。

第六個路標是：「熱情」。我所經歷的越多，我就越可以肯定，熱情是通往成功之路的一個秘訣，無論是成功者還是失敗者，他們所具有的能力、才幹和智慧往往相差無幾。如果兩個人的工作水平相當，而那個熱情的人，就會發現命運的水平總是傾向他那一邊的。才智略為欠缺但具有熱情的人，往往能夠超過雖有才幹而缺乏熱情的人。保持你們的熱情吧！

第七個是：「自制」。一個在各方面都分散自己精力的人，是不會有什麼創造性的，必須學會控制自己。拿破崙曾說過：「我們唯一能控制的便是我們的頭腦，如果你們不控制它的話，別的力量就會來左右它了。」如果頭腦總被其他各種思想干擾左右的話，這樣的頭腦是沒有價值的。

人生之路的第八個路標上寫著：「正直」。這是一條傳統的美德，有人認為它早已過時了，而我認為，這種傳統美德之所以留傳至今，正是由於時間的考驗證明它確實具有強大的生命力。正直與廉潔相通；正直與始終不渝的堅持真理、忠實於信仰緊密相連，它是你建立生活大廈的堅實基礎。

學著改變自己

養成一個好習慣很難，至少需要三個星期。但毀掉一個好習慣卻很容易，也許只需要幾分鐘。

養成一個好習慣要三個星期，我已記不清楚在什麼地方、什麼時候聽到這條規矩的。但我確實記得，對養成好習慣這一點我是既嚮往又疑惑不定。不過我還是決定試試看，要知道，生活裏要改進的地方多得很。

牙醫告誡我剔牙和刷牙一樣重要。如果不剔牙的話，我的牙周病會更厲害。我一直打算剔牙，但老是拖延著不行動。

「好，就用這三週改變自己的方法試試看。」我心裏自忖。第一天算是最困難的了。

第二天，第三天，剔牙這事情還是顯得討厭又麻煩。但第一個星期才過去，剔牙就成為上床前的例行公事了。

到了第三星期結束，使我驚訝的是，剔牙變得和刷牙一樣容易不過了。我得意洋洋，因為我養成了一個好習慣。有了這樣一個開頭，我就能再接再厲朝向更困難的目標邁進了。我一直打算多吃些有營養的東西，多吃些蔬菜和水果，少吃些甜食。於是我把該吃的列出表貼在冰箱上，從精神上提醒自己。

說實在話，第一天的日子可不好過。我努力讓自己忙碌些，但腦海裏卻翻騰著冰箱裏的巧克力蛋糕和甜食盒裏的白脫甜餅。第四天，全家吃蛋糕和甜餅，我卻獨自吃水果和蔬菜。我心裏湧起一陣自尊的波浪。三個星期一過，習慣就固定下來了。我不再拚命吃甜食，我的體重減輕了五磅。不過，真正的考驗還在後頭。

我和丈夫凡爾近來相處得不好，我們並不吵架，但我們之間幾乎沒有什麼感情溝通。我知道，主要問題是我總對他挑毛病。實在遺憾，我覺得他身上的毛病太多。我並不想成為一個嘮嘮叨叨的人，但往往控制不住自己。於是，凡爾對我關起心扉。這是怪不得他的，但我自己能不能改變呢？或者，我自己想不想改變呢？我又畫了一張「三週規劃圖」，決定試試看：

每天我要在丈夫身上找出一處我覺得好的地方，並告訴凡爾。

第一天就遇到了難題。我看凡爾有許多事都不順眼。例如：為什麼他吃過的東西不收拾？為什麼又把那件糟糕的衣服穿上了身？有一段時間我很難找出他有什麼好的地方。難道真連一點好的地方也提不出來嗎？不，當然不是。屋裏有什麼要修理，凡爾會敲敲打打，把壞的地方找出來。

「啊，你把電燈開關修好了，真不錯。」我對凡爾說，語氣中難免幾分做作。

第二天，我又對凡爾說，他對我的缺點十分有耐心，而沒有像我對他那樣嘮嘮叨叨，這真使我高興。他笑了笑，那故意的一笑，真叫人彆扭。

「看來，這方法行不通了。」我自言自語。

接下來的幾天，我仍然覺得很難找到凡爾好的一面。我開始覺得有些虛情假意，像一個機器人，口是心非的說著好話。但隨著三個星期一點一點過去，在我丈夫身上找優點竟然變得容易起來。他為人誠懇，對孩子又有耐心，為什麼我只看到他的不是呢？

到了二十一天結束時，我簡直不敢相信要表揚凡爾是多麼輕而易舉，一點兒也沒有彆扭的感覺，而凡爾看起來也確實與以前不同了。他讓我也更加親近，開始坦率地談他的工作，談他所關心的問題。實際上，到三個星期結束，他說我顯得和以前大大不同了。

「是的，」我說：「我最近一直努力克服我嘮嘮叨叨的壞習慣。」

凡爾很動感情地說：「難怪我覺得自己好多了，也覺得我們倆之間好多了。謝謝妳的幫助，謝謝。我實在應該努力，做個更好的丈夫，做個更好的人。」

我十分感動，幾乎說不出話來。後來，我向他解釋了三週改變自己的計劃和我的進展。

凡爾說他也要試一試。

事業成功的十個步驟

我們中的每一個人都可以學會充分利用我們的天資。獲得最高的成就，即意味著攀登上事業的最高峰頂，只有按部就班；堅忍不拔，方能成熟到此境界。

我的兩位大學同學都曾表示希望在出版界做一番事業。他們都很精明能幹，風度翩翩而又雄心勃勃。

現在，羅傑領導著一家資產高達數百萬美元的圖書公司，而傑克卻在做著商業名錄的編輯工作，既枯燥乏味，收入也不高。

為什麼一個人飛得那麼高，而另一個卻飛得如此之低呢？問題不在於運氣的好壞、是否有靠山，或者是否致力於工作。原因很簡單，那就是因為羅傑是位能充分利用本身天資的人，而傑克卻不是。

查理斯．加菲爾德是位於三藩市的加利福尼亞大學醫學院副教授，也是他自己在伯克利開辦的「頗有造就者研究中心」的主任。他對幾乎來自各行各業的一千五百名傑出成就取得者進行了研究，發現他們都具有某些共同的特性。這些特性並不是天賦的，可以說人人都可以學到手的。

這並不是說不論什麼人都可以當公司經理，或者在奧運會上獲得金牌。這些發現表明，我們中的每一個人都可以學會充分利用我們的天資。根據加菲爾德的研究，可以總結出能夠導致獲得最高成就的十個步驟：

生活安排井然有序，興趣廣泛

我們常聽人說，頗有造就者的性格一定是「A」型的，拚命幹活，工作入迷，事情做不完便帶回去，一直做到熄燈。可是加菲爾德的回答卻不是這樣。他說，這種人比較容易取得成就，可是很快會垮下去，也可能會穩住。他們沉溺於工作本身，對成就卻很少去關心。

與之相反，頗有造就者也樂意努力工作，但是卻有嚴格的限制。對他們來說，工作不是一切。他們懂得怎樣在工作之餘去放鬆放鬆，他們能夠將工作留在辦公室裏做。他們有自己的密友，有美滿的家庭生活，可以和孩子或親人在一起待相當一段時間。

選擇自己所喜愛的職業

我的老同學傑克真正喜歡的工作，是編輯兒童讀物。可是，他卻做起了商業名錄的出版工作，因為走這條路有可能多賺錢。三十年來，每週五天他都得從床上掙扎著起來去做自己並不喜愛的工作，而這一工作也並不像他想像的那樣能賺錢。

加菲爾德的研究表明，頗有成就者所選擇的是自己真正喜愛的工作。他們花三分之二還要長一點的工作時間做自己喜歡的工作，只花不到三分之一的時間做些自己不喜歡做的瑣事。他們喜歡內在的滿足，而不只是外在的報酬，如加薪、升職和權力等。

當然，他們最後往往能得到這一切。因為他們欣賞自己的所為，工作越做越好，報酬自然也就越高。

執行重要任務前，思想上要做好充分準備

在遇到困難的或是重大的場合之前，比如參加某個委員會、在公開場合露面、參加關鍵性的網球賽等，大多數頗有造就者都要在頭腦裏反覆琢磨該怎麼辦。著名的高爾夫球運動員傑克·尼克勞斯每次擊球前，思想上一定要首先設計好出手的軌跡，球的飛出以及落地點。

否則，他從不輕易擊球。

幾乎人人都幻想著會遇上重大事件。但是，幻想並不等於考慮周詳的思想準備工作。這種準備工作其實是琢磨將在實際活動中運用的技巧。

有位鋼琴家曾在「文革」中被關押七年。可是剛一釋放，就能演奏得和以往一樣出色。他解釋說：「我每天都在腦海裏演奏著。」

追求的是得出成果，而不是十全十美

不少有抱負而又刻苦的人過於追求十全十美，這樣就出不了多少成果。我認識一位教授，她花了十年時間研究一位劇作家。由於生怕遺漏點什麼，一直沒有將手稿送去出版。

與此同時，那位在她開始研究時名氣很大的劇作家，卻早已被人們所遺忘。這位劇作家的論文即便最後得以出版，也吸引不了什麼人了。

勇於擔風險

不少人站在「舒適區」，追求的是安全，即便這樣做既平庸又枯燥無味，他們也不願去碰碰機會。我認識一位歌劇女高音歌唱演員，她有一副好嗓子，是位出色

的演員。可是，她只扮演一些小角色。她說：「我不願承擔重要角色，因為那樣的話整個晚上的關鍵是我，觀眾們會注意我的每個細節。」

然而，頗有造就者都敢於冒風險，因為他們仔細地考慮過一旦失敗，該怎樣來挽回局面。某經理曾告訴加菲爾德：「在我準備採取重大一點的行動之前，總要給自己先設計一幅失敗的圖案，考慮到可能會發生的最壞的局面，然後問問自己該怎麼辦。如果根本無法挽回，我便不去冒這個險。」

不要低估你的潛力

多少年以來，每個人都知道要用不到四分鐘的時間跑完一英里的路程是不可能的。生理學刊物上刊登的文章也證明，人類的體力無法達到這個極限。但是，羅傑·貝尼斯特卻於一九五四年打破了四分鐘的記錄。隨後不到兩年，又有十位運動員打破了這項記錄。

這並不是說人類跑步的速度可以無極限，也並不是說一個人能舉起的重量可以無限制，或者說一個人能夠做好任何特殊的工作。我主要想說明，我們實際上並不清楚到底到什麼程度才算達到了極限。因此，不少人給自己規定的極限往往大大低於他們實際上能夠達到的程度。

和自己競爭，而不要和別人競爭

頗有造就者往往重視如何在自己過去的基礎上進一步提高，而不是如何去擊敗對方。事實上，擔心競爭對手的能力(這種能力可能很強)往往會自拆臺腳，因為大多數頗有造就者所感興趣的，是如何按照自己的標準，盡可能地做得出色一些。

他們想當「編隊的運動員」，而不想獨自做。他們認識到，集體能比個人更好地解決一些複雜的問題。因此，他們熱心於讓別人來承擔部分工作。獨自做的人往往過分關心對手的情況，因此不能承擔做出決策的重任。

這種人局限性大，因為他們什麼事都得靠自己做。

這就是頗有造就者的技巧所在。如果你不想埋沒自己的潛力，如果你想充分發揮自己的才能的話，那麼，請你學會運用這些技巧吧。

可以失敗，但不能悲觀

莎士比亞說過：「逆境使人發奮向上，要是你從未遭遇過失敗，為了事業著想，也許應該經歷一次。」

很多人都曾經犯過嚴重錯誤，遭辭退、降級，或者不知怎麼失敗了，然後又重新爬起。

齊曼只不過是其中一例；華特．迪士尼就業之初，就曾有一次被上司革職，而迪士尼和亨利．福特兩個人都曾在事業成功之前，做生意而破產。

即使你從未失敗過，也難保以後不會。今日的商業世界瞬息萬變，置身其中必須面對不明朗的環境採取行動，換言之，偶爾跌倒是難免的。哈佛商業研究院教授約翰．科特說：「我可以想像得到，二十年前行政人員討論是否聘請某人擔任高職的時候，如果有人指出：『這個人三十二歲時有過一次慘敗』，其他的人便說：

『不錯，那的確是個污點。』我相信今天同樣一群人在考慮是否聘請某一人選時卻會說：『我擔心的是這個人從未失敗過。』」

微軟電腦公司的比爾·蓋茲常有失敗之舉。他喜歡雇用曾經犯錯的人，那表示他們敢於冒險，他說：「從那些人怎樣應付出了錯的事，可以看出他們會怎樣應變。」

可是，為什麼有些人栽倒後便一蹶不振，而有些人能重振雄風？經歷過挫折的行政人員和研究領導才能的專家分析過這些問題，提出的答案可供我們參考：

設想下一次贏得重大勝利

遇到失敗時，一般人往往失去自信；適應能力強，不屈不撓的人卻仍充滿信心。賓州大學心理學教授馬丁·塞力曼研究過三十種行業雇員的表現。

能夠重新振作起來的都是樂觀的人，他們認為：我這個問題只不過是暫時的。他說：「悲觀的人通常不能東山再起，他們認為自己一敗就會塗地。」

不同的態度決定不同的結果，適當的給自己暗示，相信成功的大門就會為你敞開。

勇於冒險犯難

西吉奧．齊曼因事業受挫離開可口可樂公司後，有十四個月沒有和該公司的任何人來往。他說：「那時候很寂寞。」但他沒有斷絕社會上的接觸。他跟人合夥開顧問公司，設在亞特蘭大他家的地下室，設備簡單，只有一台電腦、一個電話和一台傳真機，客戶包括微軟電腦公司和米勒．布魯恩公司等，他的座右銘是：「打破傳統，勇於冒險。」

後來，甚至可口可樂公司也諮詢他的意見，齊曼說：「我做夢也想不到可口可樂公司會找我回去。」管理階層告訴他，他們需要人幫助整頓業務。可口可樂總裁羅伯圖．戈雪艾特說：「我們一向不容許有錯，因此逐漸失去了競爭能力，一個人只在行動時才有可能跌倒。」

決心是夢想的開始

夢想是成功的起跑線，決心則是起跑時的槍聲。行動猶如跑者全力的奔馳，只有堅持到最後一秒的人，方能獲得成功。

有個落魄不得志的中年人每隔兩三天就會到教堂裏祈禱，而且他的禱告詞幾乎每次都相同。

第一次他到教堂時，跪在聖壇前，虔誠的低語說：「上帝啊，請念在我多年來敬畏您的份上，讓我中一次彩券吧！阿門。」

幾天後，他又垂頭喪氣回到教堂，同樣跪著祈禱：「上帝啊，為何不讓我中彩券？我願意更謙卑地來服侍你，求您讓我中一次彩券吧！阿門。」

又過了幾天，他再次出現在教堂，同樣重覆他的祈禱。如此周而復始，不間斷地祈求著。

到了最後一次，他跪著說：「我的上帝，為何您不垂聽我的祈求？讓我中一次彩券吧！只要一次，讓我解決所有困難，我願終身奉獻，專心侍奉您。」

就在這時，聖壇上發出一陣宏偉莊嚴的聲音：「我一直垂聽你的禱告。可是——最起碼，你也該先去買一張彩券吧！」

你曾想過要中一次彩券嗎？是否真的想過要成功？

要成功，光有夢想是不夠的，還必須擁有一定要成功的決心，配合確實的行動，堅持到底，方能成功。

只有下定一個不更改的決心，歷經學習、奮鬥、成長這些不斷的行動，才有資格摘下成功的甜美果實。

而大多數人，在開始時，都擁有很遠大的夢想，如同故事中那位祈禱者，但卻從未掏腰包真正去買過一張彩券。缺乏實際行動的夢想於是開始萎縮，種種消極與不可能思想產生，甚至於就此不敢再存有任何夢想，過著隨遇而安、樂天知命的生活。

這也是為何成功者總是佔少數的原因。瞭解成功哲學的你，是否真心願意在此刻為自己的理想，認真地下追求到底的決心，並且馬上行動。

你要求的次數越多，你就越容易得到

我們每天都在推銷自己，可以說，推銷無處不在，但能夠真正做好推銷工作的人卻不多。推銷的秘訣是要求、要求、再要求，要求對方投資而不是接受，你要求的次數越多，你就越容易得到你想要的東西。

當今世界最偉大的女推銷員瑪奇塔是個黃毛丫頭，她自七歲起，便以賣女童軍餅乾賺進了八萬多美金。瑪奇塔十三歲那年發現了推銷的秘訣後，便在放學後挨家挨戶推銷餅乾。原來害羞得要命的瑪奇塔，後來竟變成賣餅乾的高手。

這一切都起始於願望——火紅炙熱的願望。

對瑪奇塔和她的母親而言，她們的夢想就是能環遊世界。瑪奇塔的父親在她八歲時拋下了她們母女倆，之後，瑪奇塔的母親便在紐約當服務生來餬口。有一天瑪奇塔的母親對她說：「我要努力賺錢讓妳上大學，等妳大學畢業後，妳就可以賺足夠的錢讓我們去環遊世界，好不好？」

因此十三歲的瑪奇塔從女童軍雜誌上獲知，賣最多餅乾的童子軍可以帶另一人免費環遊世界，她就決定盡全力賣出女童軍餅乾，她要締造史無前例的女童軍餅乾銷售記錄！

但僅有慾望是不夠的，為了使夢想實現，瑪奇塔知道她必須有個計劃。

瑪奇塔的姑姑建議她：「隨時隨地要服裝合宜，穿上代表妳專業精神的行頭。做生意時，就要穿得像生意人。穿上女童軍制服，在四點半或六點半去推銷，尤其是在禮拜五晚上去公寓的住家推銷時，妳要請他們多訂些餅乾，並隨時面帶微笑，不管他們買不買，妳都要彬彬有禮。不要求他們買妳的餅乾，而是請他們投資。」

有很多其他的童子軍都想環遊世界，或許他們也都有自己的計劃，但只有瑪奇塔每天放學後穿著她的女童軍制服，隨時隨地且鍥而不捨地請人投資她的夢想。她會在門口對應門的人說：「嗨！我有一個夢，藉由推銷餅乾，我可以為我和我媽媽贏得免費的環球之旅，您要不要投資一盒或兩盒餅乾？」

瑪奇塔那年賣了三千五百二十六盒女童軍餅乾，並贏得了她的環球之旅。從那時候開始，她又賣掉了四萬二千多盒的女童軍餅乾，她也在全國各地的推銷大會上演說，並在一部描述她冒險歷程的迪斯尼電影中演出。此外，她也是暢銷書《如何賣出更多餅乾》、《凱迪拉克》、《電腦》及《其他重要的事》的作者之一。

和其他數以千計心懷夢想的老老少少比起來，瑪奇塔並不很聰明，也不見得更外向大方。差別在於瑪奇塔發現了銷售的秘訣，那就是要求、要求、再要求。許多人在尚未開始前就失敗了，因為他們沒有請求別人給他們想要的東西。不管我們推銷的東西為何物，我們總是在別人有機會拒絕之前，就因為害怕被拒絕而先否定了自己。

我們每個人都在推銷，瑪奇塔十四歲時說道：「我們每天都在推銷自己，在學校把自己推銷給老師和學生。在校外，把自己推銷給新認識的人。我媽媽是個服務生，她推銷每日特餐，想得到選票的市長和總統也是在推銷……露西是我最喜歡的老師之一，她把地理課教得很有趣，這的確是高明的推銷……我舉目所見都是推銷，推銷是整個世界的一部分。」

要求別人給你想要的東西是需要勇氣的，勇氣不僅是不害怕，而是儘管內心有恐懼，但仍然去完成必須做的事情。正如瑪奇塔所體會到的——你要求的次數越多，你就越容易得到你想要的東西，而且連帶地也會得到更多樂趣。

有一次，在一個現場直播的電視節目裏，製作人決定給瑪奇塔一個最困難的考驗，他要瑪奇塔把女童軍餅乾推銷給另一位參加此節目的來賓。瑪奇塔問這位來賓：「你要不要投資一盒或是兩盒的女童軍餅乾？」

「女童軍餅乾？我從來不買什麼女童軍餅乾！」這位來賓如此回答：「我是聯邦監獄的典獄長，每天晚上我要讓二千名的強暴犯、搶劫犯、殺人犯、詐欺犯及虐待兒童的犯人乖乖入睡。」

瑪奇塔對這樣的回答一點都不生氣，反而很快地反駁說：「先生，如果你肯買一些餅乾，或許你就不會如此小氣、憤怒及惡毒。而且，先生，我覺得這是個不錯的主意，你可以帶一些餅乾回去給每一個犯人。」

瑪奇塔如此要求。

這個典獄長馬上開了一張支票。

當弱點受到挑戰時，用強項去迎接挑戰

每個人都會有自己的弱點或缺陷，每個人也都有自己的強項，當弱點或缺陷受到挑戰時，不要退縮，而是要勇敢地去迎接它——用自己的強項打敗挑戰。

多年前的週末舞會，女孩子們都是秀髮披肩、亭亭玉立的大學畢業生，她像一朵六月的新蓮在沸騰的舞池中，裙裾翩翩飛，飄逸而芬芳。

在目光的包圍和無休無止的旋轉後，她累了，坐在一隅休息。

這時，一個男孩走過來向她微微鞠躬，伸出手：「我可以請妳跳一曲嗎？」他彬彬有禮，像一個古代的王子，讓人不忍拒絕。

帶著一絲疲倦，她站了起來。當兩個人面對面地站在舞池中，靜等音樂響起的片刻，她突然發現：那個男生竟然比她似乎還矮了一點。也許並不真的比她矮，但是女孩子覺得，如果哪個男生與她同高，那就已經是很矮了。

「我比你還高耶！」女孩子輕聲細語的笑著說，像小時侯與小夥伴比高矮時得勝後的高興樣子。其實是心無城府的，因為她從小便比身邊所有的朋友長得高，已習慣了在與他們的比較中驕傲地笑。但眼前的男孩子並不是自己的朋友，只是舞會上偶爾邂逅的舞伴。女孩子立刻為自己的口無遮攔而後悔了。

一切發生得太快了，男孩子有點不及防備。稍微愣了一下，臉上的笑容還來不及褪去，新的一波笑意竟浮了上來。

他不慍不惱地說：「是嗎？我要迎接挑戰。」

後面四個字稍微有點重。女孩子無語，歉意地笑，躲過他的目光，但卻有點緊張地捕捉來自他的資訊。就見他下意識地挺直了腰胸，輕描淡寫地說：「把我所發表過的文章墊在我的腳底下，我就比妳高了。」

原來，他也有他的驕傲。舞會完後，他們成了戀人。

後來，因為陰錯陽差，他們並沒有能走在一起，但是，女孩卻從來沒有忘記過他，沒有忘記當年在舞會上的那一幕情景，尤其是那兩句不卑不亢的話：「我要迎接挑戰。」「把我所發表的文章墊在我的腳底下，我就比妳高了。」

當逆境找上門來時，要改變逆境

人生中充滿著變數，逆境往往會不請自來。在逆境找上門來時，要保持一種積極的心態，不應該屈服和順從它，應該讓自己變得更加堅強，更應該要改變它——把它變成順境。

一位女兒對父親抱怨她的生活，抱怨事事都那麼艱難。她不知道該如何應付生活，想要自暴自棄了。她已厭倦抗爭和奮鬥，好像一個問題剛解決，新的問題就又出現了。

她的父親是位廚師，他把她帶進廚房。他先往三個鍋裏倒入一些水，然後把它們放在旺火上燒，不久鍋裏的水燒開了。他往一個鍋裏放些胡蘿蔔，第二個鍋裏放入雞蛋，最後一個鍋裏放入碾成粉末狀的咖啡豆。他將它們浸入開水中煮，一句話也沒有說。

女兒咂咂嘴，不耐煩地等待著，納悶父親在做什麼。大約二十分鐘後，他把火關了，把胡蘿蔔撈出來放入一個碗內，把雞蛋撈出來放入另一個碗內，然後又把咖啡舀到一個杯子裏。做完這些後，他才轉過身問女兒：「親愛的，妳看見什麼了？」她回答：「胡蘿蔔、雞蛋、咖啡。」

他讓她靠近一點並讓她用手摸摸胡蘿蔔。她摸了摸，注意到它們變軟了。父親又讓女兒拿一顆雞蛋並打破它，將殼剝掉後，他看到的是顆煮熟的雞蛋。最後，他讓她喝了咖啡。品嚐到香濃的咖啡，女兒笑了。她怯生生地問說：「父親，這意味著什麼？」

他解釋說，這三樣東西都面臨同樣的逆境—煮沸的開水，但其反應各不相同。胡蘿蔔入鍋之前是強壯的，結實的，毫不示弱；但進入沸水之後，它變軟了，變弱了。雞蛋原來是易碎的，它薄薄的外殼保護著它呈液體的狀態；但是經沸水一煮，它的液體狀態變硬了。而粉狀咖啡豆則很獨特，進入沸水之後，它們反而改變了水。

「哪個是妳呢？」他問女兒，「當逆境找上門來時，妳該如何反應？妳是胡蘿蔔，是雞蛋，還是咖啡豆粉？」

換個角度看問題，壞事也會變成好事

任何事物都具有兩面性。本來是一件壞事，如果從另一個角度看，則會是件好事。所以，在遇到諸如不順、打擊、失敗等時，不妨從另一個角度去看待問題。這樣，人生才會快樂和幸福。

阿根廷著名的高爾夫球選手羅伯特・德・溫森多，有一次贏得一場錦標賽領到支票後，他微笑著從記者的重圍中出來，到停車場準備回俱樂部。

這時候，一個年輕的女子向他走來。她向溫森多表示祝賀後又說她可憐的孩子病得很重，也許會死掉—而她卻不知道如何才能支付起龐大的醫藥費和住院費。

溫森多被她的敘述深深的打動了，他二話不說，掏出筆在剛贏得的支票上飛快地簽了名，然後塞給了那個女子。

「這是這次比賽的獎金，祝可憐的孩子好運。」他說道。

一個星期後，溫森多正在一家鄉村俱樂部進食午餐。一位職業高爾夫球聯合會的官員走過來，問他一週前是不是遇到一位自稱孩子病得很重的年輕的女子。

「停車場的孩子們告訴我的。」官員說。

溫森多點了點頭。「哦，對你來說這是個壞消息，」官員說道。「那個女人是個騙子，她根本就沒有什麼病得很重的孩子。她甚至還沒有結婚！溫森多——你讓人給騙了！我的朋友。」

「你是說她根本就沒有一個病得快死的小孩子？」

「是這樣的，根本就沒有。」官員答道。

溫森多長嘆了一口氣。「這真是我一個星期來聽到的最好的消息。」溫森多說。

相信這也會過去，一切都將會過去

> 普希金說：一切都是暫時的，轉瞬即逝……因此，在我們身處順境時，要學會惜福與感恩；身處逆境時，要學會堅忍和等待，要相信逆境只是暫時的，告訴自己：這也會過去，一切都將會過去。

古希臘有一位國王，擁有至高無上的權勢、享用不盡的榮華富貴，但是他並不快樂。他可以主宰自己的臣民，卻難以操控自己的情緒，種種莫名其妙的焦慮和憂鬱不時讓他悶悶不樂、寢食難安。於是，他召來了當時最負盛名的智者蘇菲，要求他找出一句人間最有哲理的箴言，而且這句濃縮了人生智慧的話必須有一語驚心之效，能讓人勝不驕、敗不餒，得意而不忘形、失意而不傷神，始終保持一顆平常心。蘇菲答應了國王，條件是國王將佩戴的那枚戒指交給他。

幾天後，蘇菲將戒指還給了國王，並再三勸告他：不到萬不得已，別輕易取出戒指上鑲嵌的寶石，否則，它就不靈驗了。沒過多久，鄰國大舉入侵，國王率領部隊拚死抵抗，最終整個城邦淪陷於敵人之手，於是，國王四處亡命。

有一天，為逃避敵兵的搜捕，他藏身在河邊的茅草叢中，當他取水解渴，猛然看到自己的倒影時，不禁傷心欲絕——誰能相信如今這個蓬頭垢面、衣衫襤褸的人，就是那個曾經氣宇軒昂、威風凜凜的國王呢？就在他雙手掩面欲投河輕生之際，他想到了戒指。他急切地摳下了上面的寶石，只見寶石裏側鐫刻著一句話——這都會過去！

頓時，國王的內心重新燃起希望的火花。從此，他忍辱負重、臥薪嚐膽，重招舊部並東山再起，最終趕走了外敵，贏回了王國。而當他再一次返回王宮後，所做的第一件事便是將「這都會過去」這句五字箴言鐫刻在象徵王位的寶座上。

後來，他被譽為最有智慧的國王而名垂青史。據說，在臨終之際，他特意留下遺囑：死後，雙手空空地露出靈柩之外，以此向世人昭示那句五字箴言。

面臨困境時，要看到其存在的正面價值

在人生的路上，我們不可能每一步都走得多麼順利，遇到困境是件很正常的事。在困境中，抱怨是於事無補的，而應該知道，每個困境都有其存在的正面價值。只要看到這一點，即使在困境中，也能保持一份坦然。」

有一天，素有森林之王之稱的獅子，來到了天神面前：「我很感謝你賜給我如此雄壯威武的體格、如此強大無比的力氣，讓我有足夠的能力統治這整個森林。」

天神聽了，微笑地問：「但是這不是你今天來找我的目的吧！看起來你似乎是為了某事而困擾吧！」

獅子輕輕吼了一聲，說：「天神真是瞭解我啊！我今天來的確是有事相求。因為儘管我的能力再好，但是每天雞鳴的時候，我總是會被雞鳴聲給嚇醒。神啊！祈求您，再賜給我一個力量，讓我不再被雞鳴聲給嚇醒吧！」

天神笑說：「你去找大象吧，牠會給你一個滿意的答覆的。」

獅子興高采烈地跑到湖邊去找大象，還沒見到大象，就聽到大象跺腳所發出的「砰砰」響聲。

獅子加速地跑向大象，卻看到大象正氣呼呼地直跺腳。

獅子問大象：「你為什麼發這麼大的脾氣？」

大象拚命搖晃著大耳朵，吼著：「有隻討厭的小蚊子，總想鑽進我的耳朵裏，害得我都快癢死了。」

獅子離開了大象，心裏暗自想著：「原來體型這麼巨大的大象，還會怕那麼細小的蚊子，那我還有什麼好抱怨呢？畢竟雞鳴也不過一天一次，而蚊子卻是無時無刻地騷擾著大象。這樣想來，我可比他幸運多了。」

獅子一邊走，一邊回頭看著仍在跺腳的大象，心想：「天神要我來看看大象的情況，應該就是想告訴我，誰都會遇上麻煩事，而祂並沒有辦法幫助所有的人。既然如此，那我只好靠自己了！反正以後只要雞鳴時，我就當作雞是在提醒我該起床了，如此一想，雞鳴聲對我還算是有益處呢？

與其理直氣壯，不如理直氣和

我們往往欣賞理直氣壯，卻往往忽視了理直氣和的絕妙之處。既然理直，就無須氣壯。對於別人的無知、粗魯，我們不應該以牙還牙，而應該用氣和來感化他，改變他的無知和粗魯，這遠比氣壯有意義得多。

「小姐！妳過來！妳過來！」顧客高聲喊著，指著面前的杯子，滿臉氣憤地說：「看看！妳們的牛奶是壞的，把我一杯紅茶都糟蹋了！」

「真對不起！」服務小姐賠不是地說：「我立刻給您換一杯。」新紅茶很快就準備好了，碟邊跟前面一杯一樣，放著新鮮的檸檬和牛奶。

小姐輕輕放在顧客面前，又輕聲地說：「我是不是能建議您，如果放檸檬，就不要加牛奶，因為有時候檸檬酸會造成牛奶結塊。」

顧客的臉，一下子紅了，匆匆喝完茶，走了出去。

有人笑問服務小姐：「明明是他土，妳為什麼不直接說呢？他那麼粗魯地叫妳，妳為什麼不還以一點顏色？」

「正因為他粗魯，所以要用婉轉的方法對待；正因為道理一說就明白，所以用不著大聲！」服務小姐說，「理不直的人，常用氣壯來壓人。理直的人，要用氣和來交朋友！」

每個人都點頭笑了，對這餐館增加了許多好感。往後的日子，他們每次見到這位服務小姐，都想起她「理直氣壯」的理論，也用他們的眼睛，證明這小姐的話有多麼正確。

後來，他們常看到，那位曾經粗魯的客人，和顏悅色，輕聲細語地與服務小姐寒喧。

從有利於自己的角度看問題，就會充滿希望

在很多時候都是這樣的，同一個問題會有兩種截然相反的看法，從一個角度去看，是死路一條的絕路，而從另一個角度去看，則是充滿希望的陽光大道。

在古希臘的城邦國家時期，各個城邦之間經常發生殘酷的戰爭。其中有一次戰爭，雅典城邦被敵對的城邦圍困了半年之久。

這個時候，雅典最高長官命令負責軍糧的官員認真計算一下他們還有多少糧食，雅典還能支撐多久。沒有多久時間，官員驚慌失措地來報告，我們的糧食僅僅還夠支撐一週的時間，一週以後全城的人就會被餓死。

最先聽到這個消息的一些官員也驚慌失措起來，他們紛紛向最高長官進言，與其被圍困餓死，還不如開城投降，保住一城百姓的性命。

這個時候，最高長官站了起來，他的臉上充滿了自信和樂觀。他說，我們還有一週的糧食可以支撐，太好了，難道我們不能利用這一週突圍嗎？敵人的軍糧就夠一週用嗎？難道一週我們還想不出更好的辦法嗎？

是啊，還有一週呢，一週，也許敵人就會堅持不住了，我們就會不戰而勝了。

正如最高長官預測的那樣，到了他們的糧食還能夠支撐三天時間的時候，圍城的敵人開始撤退了，原因是他們的軍糧已經用盡了，雅典靠信心和希望戰勝了敵人。

阻礙我們去做的，往往是思想中的頑石

不是因為事情難我們不敢做，而是因為我們不敢做事情才難的。阻礙我們去發現、去創造的，往往是我們心理上的障礙和思想中的頑石。要想改變自己的世界，必須要先改變自己的心態。

從前有一戶人家的菜園擺著一顆大石頭，寬度大約有四十公分，高度有十公分。到菜園的人，不小心就會踢到那一顆大石頭，不是跌倒就是擦傷。

兒子問：「爸爸，那顆討厭的石頭，為什麼不把它搬走？」

爸爸這麼回答：「你說那顆石頭？從你爺爺那個時代，就一直放到現在了，它的體積那麼大，不知道要挖到什麼時候，沒事無聊挖石頭，不如走路小心一點，還可以訓練你的反應能力。」

過了幾年，這顆大石頭留到下一代，當時的兒子娶了妻子，當了爸爸。

有一天妻子氣憤地說：「老公，菜園那顆大石頭，我越看越不順眼，改天請人搬走好了。」

老公回答說：「算了吧！那顆大石頭很重的，可以搬走的話在我小時候就搬走了，哪會讓它留到現在啊？」

妻子心裏非常不是滋味，那顆大石頭不知道讓她跌倒多少次了。

有一天早上，妻子帶著鋤頭和一桶水，將整桶水倒在大石頭的四周。

十幾分鐘以後，妻子用鋤頭把大石頭四周的泥土挖鬆。

妻子早有心理準備，可能要挖一整天吧，誰都沒有想到幾分鐘就把石頭挖起來，看看大小，這顆石頭沒有想像的那麼大，都是被那個巨大的外表矇騙了。

國家圖書館出版品預行編目資料

選擇，決定你的一生/李津著.--初版.--臺北市:種籽文化, 2017.03
面； 公分
ISBN 978-986-92690-9-4(平裝)

1.自我實現 2.成功法

177.2 106001548

Concept 106
選擇，決定你的一生

作者／李津
發行人／鍾文宏
編輯／陳子文
美編／文荳設計
行政／陳金枝

出版者／種籽文化事業有限公司
出版登記／行政院新聞局局版北市業字第1449號
發行部／台北市虎林街46巷35號１樓
電話／02-27685812-3傳真／02-27685811
e-mail／seed3@ms47.hinet.net

印刷／久裕印刷事業股份有限公司
製版／全印排版科技股份有限公司
總經銷／知遠文化事業有限公司
住址／新北市深坑區北深路 3 段 155 巷 25 號 5 樓
電話／ 02-26648800 傳真／ 02-26640490
網址：http://www.booknews.com.tw(博訊書網)

出版日期／2017年03月　初版一刷
郵政劃撥／19221780戶名：種籽文化事業有限公司
◎劃撥金額900(含)元以上者，郵資免費。
◎劃撥金額900元以下者，若訂購一本請外加郵資60元；
劃撥二本以上，請外加80元

定價：220元

喬木書房

喬木書房